跨坎中层

→ 如何打造团结高效的小团队 ←
HOW TO BUILD A UNITED AND EFFICIENT SMALL TEAM

李春蕾 ◎ 编著

(执行力坎)
(学习力坎)
(领导力坎)
(胜任力坎)
(社交坎)
(思维坎)
(入门坎)

BECOME
A NEW MIDDLE
MANAGER

中华工商联合出版社

图书在版编目（CIP）数据

跨坎中层：如何打造团结高效的小团队 / 李春蕾编著．-- 北京：中华工商联合出版社，2021.11
ISBN 978-7-5158-3115-2

Ⅰ．①跨… Ⅱ．①李… Ⅲ．①企业管理—组织管理学 Ⅳ．① F272.9

中国版本图书馆 CIP 数据核字（2021）第 186470 号

跨坎中层：如何打造团结高效的小团队

作　　者	李春蕾
出 品 人	李　梁
责任编辑	于建廷　臧赞杰
装帧设计	潘　峰
责任审读	傅德华
责任印制	迈致红
出版发行	中华工商联合出版社有限责任公司
印　　刷	北京毅峰迅捷印刷有限公司
版　　次	2021 年 11 月第 1 版
印　　次	2021 年 11 月第 1 次印刷
开　　本	710mm×1000 mm　1/16
字　　数	200 千字
印　　张	13.75
书　　号	ISBN 978-7-5158-3115-2
定　　价	49.00 元

服务热线：010-58301130-0（前台）
销售热线：010-58301132（发行部）
　　　　　010-58302977（网络部）
　　　　　010-58302837（馆配部、新媒体部）
　　　　　010-58302813（团购部）
地址邮编：北京市西城区西环广场 A 座
　　　　　19-20 层，100044
http://www.chgslcbs.cn
投稿热线：010-58302907（总编室）
投稿邮箱：1621239583@qq.com

工商联版图书
版权所有　盗版必究

凡本社图书出现印装质量问题，
请与印务部联系。

联系电话：010-58302915

| 目 录 |

◆ 第一章

中层入门坎
——认清自己的新角色

从"让我来"到"跟我走" / 003

成为兵头将尾,你就是一条纽带 / 007

位置变,心态转 / 012

梦想驱动现实 / 017

成为合格"信息处理器" / 019

中层的最大价值在培养无数个"优秀的你" / 024

◆ 第二章

中层思维坎
——团队带得好,思想得有料

中层思想力,决定企业竞争力 / 029

全局思维 / 033

立体思维 / 038

战略思维 / 042

创新思维 / 045

◆ 第三章

中层社交坎
——沟通带来感动，感动才会行动

中层人际管理的四个原则 / 051

与上级沟通：到位但不越位 / 055

与同级沟通：贵在理解支持 / 061

与下级沟通：给予足够尊重 / 064

搞定老员工的"三板斧" / 070

与"德高望重者"的相处之道 / 074

沟通中的"五要"与"六不要" / 078

◆ 第四章

中层胜任力坎
——以上率下，打铁还需自身硬

要事为先，忙而不乱才是中层本色 / 085

决策力就是致胜力 / 091

中层决策常见五大误区 / 095

忍耐即是成功之路 / 098

中层是企业文化大使 / 101

画出自己的情绪"雷区"图 / 106

微观辨人，用对人才能干对事 / 110

如果下属是一个"野心家" / 114

六种"问题员工"的处理方法 / 118

你的影响力价值千金 / 125

◆ 第五章

中层领导力坎
——管理就是让员工成长

管理是严肃的爱 / 131

制度的"两个稳定" / 134

激励员工的五大误区 / 139

集体智慧是最大的创造力来源 / 143

有效人事决策的五大原则 / 147

对权力进行创造性分配 / 151

走动式管理应该这样"走" / 155

赞美是成本最低的激励手段 / 158

重用≠升职，帮员工找到合适的位置 / 162

◆ 第六章

中层学习力坎
——比学历更重要的力量

优秀是因为自我驱动 / 167

管好自己是学习力的基础 / 170

中层要由专才走向通才 / 175

自省是最有效的学习 / 180

专业是第一说服力 / 184

◇ 第七章

中层执行力坎
——感动、心动都不如行动

向"生产力周期"要执行力 / 189

奖罚制度是行动的牵引机 / 194

当好员工的"带头大哥" / 197

细节决定执行力 / 200

能力是任务的标尺 / 203

莫被"巨婴员工"逆向管理 / 208

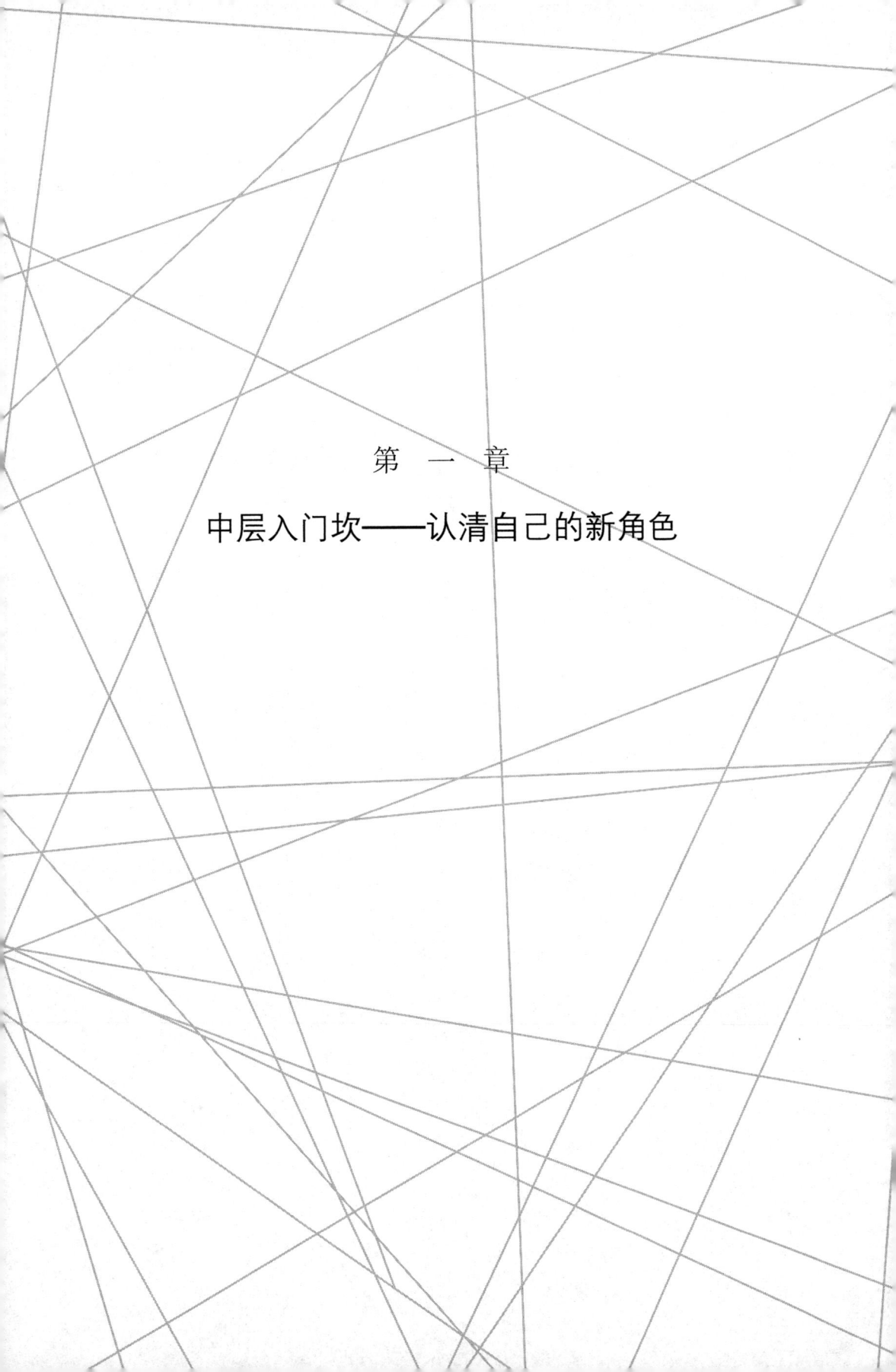

第 一 章

中层入门坎——认清自己的新角色

从"让我来"到"跟我走"

恭喜你，成为一名新的中层管理者。从这一刻起，你将迎来诸多改变：主动的、被动的；积极的，消极的；身份上的、角色上的……事情可能比你想象中要复杂一些，或许在未来的一段时间里，你将充分认识到"领导也不是那么好当的，也有那么多的糟心事儿"。

但不管怎么说，这是一个好的开始，值得庆贺。

在外部环境的改变开始之前，你首先要做的一件事情，是转变自己的观念。如果你的观念与你现在的身份、角色"不配套"，那么无论你付出多少努力，都可能是徒劳的。

在成为中层之前，你一定是一名优秀的员工，如同战场上的先锋，冲锋陷阵、不避艰险、攻城略地。可是现在，你的角色发生了一些变化，你不再是那个心无他顾、埋头冲锋的人了，你需要随时观察自己身边的"战友"和属下——有人走错方向了，你要把他拉回来；有人消极避战了，你要激起他的斗志；有人战力不足影响全局了，你要给他找到一个合适的去处……这就是作为新中层需要转变的第一个观念——从"让我来"到"跟我走"。

"让我来"思维模式：凡事亲力亲为，在领导给予的计划和规则下，作为某项具体任务的实施者，努力地达成目标、完成使命。

"跟我走"思维模式：当你成为中层之后，你最大的作用不是发挥个人能力去解决问题，而是要把下属的能量聚集起来，把团队的智慧整合起来，把每一个下属的能力都变成自己的能力，然后充分地发挥出来。

从"让我来"到"跟我走",是每一个新中层都要面对、都要跨过的第一道坎。现实的情况是,许多新中层都在这个坎上摔过跟头。

一位新上位的年轻管理者,在成为部门负责人之后,开始了一段糟糕的旅程。在他看来,自己的下属似乎都有点儿"不堪重任",做一些简单的工作还好,一旦遇上具有挑战性的工作,没有一个靠谱的。

戴眼镜的圆脸姑娘小Y,遇到难事就是一副畏畏缩缩、浑浑噩噩的样子;部门"元老"张先生,像个"老油条",千方百计地想着逃避难题,躲进舒适区里不愿意出来;新来的大学生小马,虽然冲劲儿十足,可做起事情毛毛躁躁,大纰漏没有、小问题不断……看着这么一帮下属,新中层的头都大了。

事情总得做呀!于是,他想:"既然大家都顶不上去,那就我来,以身作则嘛!"然后,这位新中层又像从前在部门里担任业务骨干一样,冲在工作的第一线,天天加班到很晚。

过了一段时间,公司进行业绩评比,新中层发现,虽然自己天天累死累活忙得团团转,但是团队业绩不升反降。新中层很郁闷:"这到底是怎么了?前任部门主管在卸任之前,基本上没心思管理本部门的工作,整个部门在他的感染下,每天都是懒懒散散的样子。我接任后,累得都快吐血了,怎么业绩比以前更差了呢?"新中层心高气傲,明明知道有问题,但不愿意向前辈们请教,他希望能够自己找到问题所在。

有一天,到了中午吃饭的时间,小Y过来问新中层:"饭点到了,您要和我们一起出去吃饭吗?"新中层正在忙着工作,随口回复道:"我先不去了,你们去吧。"于是,部门里的其他同事都一起出去了。

没过几分钟,一个其他部门的主管路过新中层的办公室,见他还在工作,说:"到底是新官上任,忙得都废寝忘食了,可再怎么忙也不能不吃饭啊。"这位同事非要拉着他一起去吃饭,无奈之下,新中层只好放下手头的工作一起走了。

到了餐厅,那位主管非要请他吃饭,说是为了庆祝他高升。两个人走进了一个小包间，点了几道菜，一边吃一边聊着工作上的事情。

这时，隔壁包间里传来一个熟悉的声音，是新中层的下属张先生的大嗓门，很有辨识度。只听他抱怨道："你们说说，咱们这个新领导，真够可以的！什么事情都大包大揽，把咱们当成空气了！"

听到这番话，新中层很气愤："什么叫我大包大揽？给你事情做，你今天拖明天，明天拖后天，仗着自己资历老，把我的话当空气。现在居然把责任推到了我头上。"

紧接着，隔壁又传来一个较弱的声音，是小Y的。新中层隐约间听到她念叨："你们说，咱们的新领导什么事情都自己做了，咱们是不是就没用了？会不会有朝一日被他开除啊？"

小Y的话刚说完，新来的大学生小马说话了："哼，开除就开除，这是我的第一份工作，原本还想好好干、学点东西呢！现在倒好，一两件事情上出了点小问题，就被别人当空气。我有什么问题你指出来嘛，我又不是不能改？再说了，天底下谁不犯错？我做得好的事情他看不见，稍微有点纰漏，挑剔得不行！"

包厢里的气氛变得有点尴尬，光看新中层的脸色以及沉思的模样，那位请吃饭的同事也猜出了大概。同事朝他笑了笑，虽没点明，但还是"宽慰"了一句："员工对领导有看法也是平常事，鸡蛋里挑骨头呗！哪个部门都避免不了，毕竟立场和处境不同。"

新中层笑了笑，没说话，表面上好像不在意。但是，此时他的内心翻江倒海。倒不是因为员工背地里说自己"坏话"，而是因为他似乎找到了那个一直以来上下求索的答案。

从那天起，新中层改变了自己的工作风格，他不再大包大揽，能让员工去做的事情，就尽量交给他们。在此过程中，他也发现了员工们各自擅长的内容——

小Y的抗压能力差，突发事件、重大事件交给她处理，效果往往不怎好。但是，这个小姑娘心细如发、记忆力超群。自己的文件写完后，校对两三遍还是会有问题，可交给小Y，校对一遍之后就很难找出错误了；工作上的一些计划和安排告诉小Y一遍就够了，之后无论什么时候问起，小Y都能清清楚楚一字不差地转述出来。

张先生虽然有一些职场"老油条"的通病，但他的活动能力很强，公司上上下下各个部门都有熟人，甚至公司以外行业内的朋友也是不少，让他负责对外的协调工作，是再好不过的帮手。

小马刚毕业不久，性格方面大大咧咧，做事也有点马虎，但他脑子灵光，总能有一些新点子冒出来。在工作经验上虽有欠缺，但也避免了一些定式思维，尤其是在其他人都觉得没办法的时候，他却能给出一些奇奇怪怪却行之有效的解决方案。

……

就这样，在不断的磨合中，新中层变成了老中层，部门的业绩也开始节节攀升。而这一切积极的变化，都源于一个观念上的转变。

每一位新中层，都需要完成从"让我来"到"跟我走"的转变，把下属的能力转变成自己的能力。唯有如此，才算是抓住了角色转化的精髓，进而顺利迈过中层职业生涯的第一道坎。

成为兵头将尾，你就是一条纽带

中层，是兵头将尾，是一个企业的管理衔接部，承担着最重要的纽带作用。

总体来说，中层的纽带作用体现在以下五个方面：

·上下级之间的信息纽带

所谓上下级之间的信息纽带，很容易理解，就是中层要充分领会上级意图，然后将其传达给下属。同时，也要将下属的一些有价值的意见和建议，反馈给上级。这都是中层领导的"本分之事"。

·人才选用的人事纽带

中层可能没有重要人事任命的决策权，但他们却掌握着非常关键的"建议权"和"考察权"，所以一个企业用人是否得力，很大程度上取决于中层是否能够发挥好人事纽带的作用。如果中层不能准确、客观地将基层员工的表现传达给高层，那么很可能造成"用人失察"的结果，这是任何企业都不愿意看到的。

·企业文化与业务实践的转化纽带

高层需要高屋建瓴，塑造一个企业的文化，而基层则需要将企业文化落在实处。但很多时候，在务虚的企业文化和务实的业务实践之间，往往会存在着一些"断层"。

这样的情况在现实中很常见，许多所谓的企业文化，都只是停留在喊口号、贴标语的阶段，并没有真正落实到执行中。为什么会这样？很大一部分原因就是，企业的中层没有发挥好二者之间的纽带作用。

· 奖惩制度的执行纽带

一个企业的奖惩制度是从高往低走的，高层颁布了奖惩制度之后，要由中层传达给基层并具体执行。所以说，中层是实施奖惩制度的执行纽带。这就意味着，中层既要唱红脸，也要唱白脸，需要在两种截然不同的角色中来回转变。如果中层不能做好这项工作，那么奖励将无法有效激励，惩戒也无法产生震慑，整个企业的奖惩制度的威力将大打折扣。

· 负面情绪和消极言论的过滤纽带

人人都会有情绪，在任何企业中都不可能只有正面情绪，没有负面情绪。可是，对于中层来讲，他们要努力成为企业的"情绪调和剂"。例如，高层震怒时，中层既要让基层明白来自高层的压力，但又不能把过多的恐慌情绪传递到基层；基层倦怠时，中层要依靠自己的力量阻止负面情绪的蔓延，同时也有责任将发生在基层的"异动"以合适的方式传达给高层。这才真正体现了负面情绪和消极言论的过滤纽带作用。

正是因为中层需要在各个方面发挥"纽带作用"，所以我们才说，做好一个中层真的不容易。在现实中，那些能把五种纽带作用都发挥好的中层，最终都会成为一个企业、一个组织的顶梁柱，古今中外莫不如是。

【案例链接1】：萧何——古代的人事经理典范

提起萧何，大家一定都不陌生，他是"汉初三杰"之一，辅佐刘邦"创业"，后担任丞相一职。尽管身居高位，但他的确是从中层一步步做到高层的。

所以，在萧何身上有许多值得中层管理者学习的地方，特别要提及的是，他将"纽带"作用发挥到了极致。

・人事纽带——发现韩信的才干

关于萧何，最为脍炙人口的一句话是"成也萧何，败也萧何"。这句话说的是韩信的一生。韩信之所以能成功，是因为萧何向刘邦举荐了他；而他之所以最后不得善终，也是萧何一手策划的。

起初，韩信在刘邦手下做事，并没有得到重用。一次犯了军法，他还差点儿受刑被处死。免死后，刘邦只让他充当一名管理粮草的小官。但是，萧何作为一个和基层走得比较近的"中层"，很快就发现了韩信的才干非同寻常。于是，他向刘邦举荐了韩信。

在楚汉争霸中，刘邦多了一个得力的助手，韩信就此飞黄腾达。在这个过程中，萧何充分发挥出了中层"人事纽带"的作用。

・负面情绪和消极言论的过滤纽带——月下追韩信

韩信曾经一度想要离开刘邦，甚至有一次还试图当逃兵。而把韩信追回来的那个人，恰恰是萧何。他最终成功说服了韩信，让他一心一意在刘邦手下做事，留下了"萧何月下追韩信"的典故。这体现了萧何"负面情绪和消极言论的过滤纽带"的作用。

・奖惩制度的执行纽带——将韩信绳之以法

最后，韩信成为权倾朝野的重臣，逐渐有了不臣之心。这个时候，是萧何将韩信"绳之以法"。于是，历史上就有了"成也萧何，败也萧何"的典故。在这里，萧何发挥出的就是"奖惩制度的执行纽带"的作用。

・信息纽带——重视秦朝的律令图书

刘邦攻破秦朝国都时，其他人包括刘邦都在大肆地搜刮秦朝留下的财富。此时，唯有萧何努力找到秦朝的律令图书，将其妥善保存。正是因为有了这些重要的政府文书，才让刘邦后来对秦国各地的基层情况一清二楚，掌握了哪里有多少人口、哪里有多少财政收入、哪里适合征兵……等等关键信息，在楚汉争霸的过程中占据先机。在这里，萧何发挥出的就是中层的"信息纽带"的作用。

· 企业文化与业务实践的转化纽带——重视秦朝的律令图书

萧何"企业文化与业务实践的转化纽带"的作用，是在他漫长的职业生涯中不断地展现出来的。有人说，汉朝之所以政治上比秦朝成功很多，是因为萧何给汉朝树立了非常好的"企业文化"，使得汉朝既继承了秦制优秀的一面，又没用严刑峻法奴役天下百姓。

【案例链接2】：杰克·韦尔奇——现代"最杰出的经理人"

古代有萧何能将五种纽带作用发挥到极致，而在现代，号称"最杰出的经理人"的杰克·韦尔奇也是一个将"中层纽带"作用发挥得淋漓尽致的人物。

韦尔奇进入通用公司后，也是从中层开始做起的。在担任中层的时候，他积累了很多"纽带经验"，这些经验直到他成为通用电气的掌门人之后，依然在发挥作用。

比如，韦尔奇在用人的时候，遵循的秘诀是他自创的"活力曲线"：一个组织中，必有20%的人是最好的，70%的人是中间状态的，10%的人是最差的。这是一个动态的曲线，即每个部分所包含的具体人一定是不断变化的。作为一个合格的领导者，必须随时掌握那20%和10%里边的人的姓名和职位，以便采取准确的奖惩措施。最好的员工，应该马上得到激励或升迁；最差的员工，必须马上走人。

一般来讲，掌管几万人大企业的掌门人对于基层的了解是没有这么充分的，而韦尔奇之所以如此重视深入基层的作用，就是因为他有丰富的"中层纽带"经验。他深刻地认识到，上层和下层保持信息对等，是一件至关重要的事。

在韦尔奇的领导下，通用公司的每位员工都有一张"通用电气价值观"卡。该卡中对领导干部的警戒有9点：痛恨官僚主义、开明、讲究速度、自信、高瞻远瞩、精力充沛、果敢地设定目标、视变化为机遇以及适应全球化。

我们可以看到，韦尔奇所倡导的企业文化有着浓厚的"中层意识"。因为，他曾经就是一位优秀的中层，他最清楚如何让企业文化成为具有可操作性的规章。他真正实现了高层意志和基层执行的完美衔接，让整个企业都被同一个纽带紧密地联系在一起。

无论是古代中国的萧何，还是现代西方的韦尔奇，他们的成功都有一些相似的地方：

· 从中层起家，最终成为组织中举足轻重的人物

· 行事风格带有浓厚的"中层印记"

· 无论在哪个岗位上都很重视发挥"纽带作用"

其实，这些经验可以给新中层们带来一些启示：首先，要清楚，你现在的岗位是你将来职业生涯里最重要的一次历练、一个跳板；其次，在中层位置上想要做得好、做得出色，必须充分发挥好中层的纽带作用；最后，锻炼自己的纽带作用，不仅能让你在现在的工作中脱颖而出，也会成为你未来工作中的宝贵经验。

位置变，心态转

管理者带领的是一个团队，自身是成员效仿和听命的对象，倘若心态不稳、不健康，对企业而言就是一种隐患；心态不佳的管理者，也难以形成领导气质、领袖魅力。想要成为一个出色的中层，管理好自己的心态必不可少。

这是一个快速更迭的时代，也是一个充满不确定的时代。在这样的环境中，我们的工作、技能、思维方式总在不断地被颠覆，可在这一切的背后，有一样东西能够保持相对稳定，它就是心态。我们会产生某种想法，做出某种行为，都是心态、观念和心智模式决定的。

事实上，心态是一个老生常谈的话题。在此，就不赘述它的重要意义了，因为相关的内容太多，大家也基本都有所体会。我想着重地谈一谈，心态由哪些内容构成，中层管理者如何在工作中管理好自己的心态，该从哪几方面入手。

·有什么样的认知，就有什么样的心态

"半杯水"的故事，想必大家都听过。

把半杯水给不同的人，有的人第一时间所想的是："真好，还剩下半杯水！"有的人则变得很悲伤，感叹道："真糟，就只有半杯水了！"

"半杯水"只是一个客观事实，但人的认知却直接影响着他的心态——积极或消极，乐观或悲观。

什么是认知呢？简单来说，就是人脑接受外界输入的信息，经过头脑的

加工处理，转换成内在的心理活动，进而支配人的行为。我们都活在自己认知的世界里，有什么样的认知，就会看到什么样的世界，做出什么样的行为。

对一个中层管理者来说，如果自身的认知出现了错误，将直接影响到他对周遭事物的理解。在这样的状况下，他的心态必然会失衡；而在不良心态的影响下，他的思想、决策和行为，也就很难保证不失偏颇。

某公司曾经聘用过一位职业经理人担任中层管理者，入职后很长一段时间，这位经理人非但没有做出像样的业绩，还让下属们怨声载道。原因就是，这位职业经理人存在一个根深蒂固的错误认知：老板就是资本家，就是剥削者！在职期间，他对公司和老板没有丝毫的感恩之心，还经常把自己放在和老板对立的位置上。他的世界里从来都没有"合作共赢"的概念，只有"你多我少"的比较。

时间久了，老板也看出了他的问题，只好委婉地将其辞退。老板讲道，这样的人防范心很重，似乎周围的人都准备算计他。如果仅仅是针对自己，那倒也没什么，问题就在于，这样的人无论跟谁在一起，都在算计和计较。在他的认知中，整个社会都是"你多我少"和"你少我多"的关系。

可见，错误的认知，会给人的心态和行为造成严重的负面影响。

有一个问题，大家可能更想弄明白：我们的认知是如何形成的呢？为什么有的人会有偏颇的、扭曲的认知？这就牵涉三个方面——经验、背景和信息。

有不少新晋的中层表示，这个职位和工作与他之前想象得不太一样。实际上，这就是经验对认知的影响，过去没有当过中层，自然也就不知道中层的处境、职责、工作内容，在过往的人生中，这部分是空白的，因而在对中层的认知上必然会存在一些偏差。

很多单位在招聘时会对应聘者的学历、专业、年龄、管理经验提出相应的要求。其实，这些都是在筛查应聘者的背景，因为它会直接影响一个人对工作的认知。你做过中层管理者，有十年的实践经验，那你自然对这份工作有心得体会。

我们对一个事物的理解,有一部分源自思考,还有一部分源自外界的信息。有些人之前没有担任过中层,但他系统地学习和了解了管理学方面的内容,并在上任之前就培养出了中层必备的能力与素养。他在任职之后,并未觉得工作棘手,相反还做得不错。这就是信息对认知以及行为的影响。

作为中层管理者,对工作和职位有一个正确的认知,是上任前就应当做好的准备工作。只要意识到自己存在这方面的问题,及时修正都不算晚。多学习相关的知识,多跟优秀的人接触,积累经验、优化背景、拓展信息收集的渠道、提高信息分辨能力,就能不断地改变认知,扭转不良心态。

·有什么样的价值观,就有什么样的行动

每个人都有自己的价值观念和价值取向,它直接决定着一个人的心智模式,更是一种行动纲领。层次越高的人,价值观对其影响就越大,这也是为什么商界里会有"生意人""商人"和"企业家"之分,根本的差别就在于:生意人为利益而活,有钱就赚;商人有所为,有所不为,把握机会;企业家以创造价值为己任,而利润只是结果。很显然,三者的最大差别,就在于价值观念不同。

黄埔军校培养过大批的杰出军事将领,在其大门上有一副对联——"升官发财请往他处,贪生怕死勿入斯门",全校师生信守国家、责任、荣誉、牺牲、团结、勇气、自信的核心价值。每一位置身于此的学员,内心认同了这样的价值观,自然就会把它们当成行动纲领,朝着为荣誉而战、忠诚于国家的方向努力。

价值观包含三个重要的部分:是非观、得失观、财富观。从字面意义上看,都很容易理解,可在现实中真正能够树立正确的价值观并坚持下去的企业和管理者并不多。企业没有利润,就如同鱼失去了水,难以长久生存下去,但企业经营不能仅仅为了赚钱。经营企业,需要有超越利润的愿景和追求,这样才能团结更多的人。

企业如此,高层如此,中层亦如此。稻盛和夫是两大世界级企业的创办者,在被问及经营企业如何做决策时,他是这样回答的:"经营和决策怎么做?就想一个问题——作为人,何为正确?这个问题想明白了,决策该怎么下,企业该往哪里走,也就出来了。"

在管理工作的过程中,每一位中层都应该树立正确的是非观、得失观、财富观。这样,才能在做事时形成大格局,拥有正确的心态,带着超越利益的目的,实现超越利益的结果。

· **有什么样的情绪,就有什么样的工作效率**

心情低落的时候,你能全身心地投入工作中吗?你能在困难面前拿出死磕到底的劲头吗?很少有人可以做到。在工作中,我们的情绪主要受三方面因素的影响:环境、压力和人际关系。

如果团队总是死气沉沉的,不但中层自己会感到压抑,团队也会士气低下。所以,作为中层管理者,一定得为团队营造积极的氛围,创造有利的环境。

压力过大时,人的情绪就会不稳定,甚至变得暴躁。可是,没有压力和目标,人又很容易变得迷茫、混沌。所以,中层管理者一定要学会调适压力,既不能让压力太大把自己压垮,也不能完全没有压力。

人际关系对情绪也有很大的影响。中层管理者处在"夹心层",既要处理好与上级的关系,也好处理好与下属的关系,只有人际关系融洽,才能真正做好承上启下的工作。关于这一点,我们在后面的内容中也会详细讲到。

心理学上把对人有鼓励、激励、促进、提高效率等积极作用的情绪,称为"增力情绪",它能让人在受挫后依然保持乐观的心态。相反,那些让人烦恼懈怠、萎靡不振等的消极情绪,会阻碍人们奋进努力,让人身心受损、学习工作缺乏活力,效率低下,称为"减力情绪"。

中层管理者从事的领导活动，涉及企业、部门的工作发展，以及大团队和小团队的利害得失，需要积极情绪也就是增力情绪的支持。所以，中层管理者要自觉主动地对个人情绪进行控制，保持较长时间的增力情绪的刺激，创造良好的心境。只有自己塑造出了良好的心态，才能游刃有余地处理相关事务，并更容易让人接受。归根结底，领导别人之前，先领导好自己。

梦想驱动现实

杰克·韦尔奇曾说:"公司前进的第一步也是最重要的一步,就是要用概括性、明确的语言确定公司的目标。这个目标应该是远大的,而且必须是浅显易懂的,是明确而富有吸引力的,这样才能促进企业的进步。"

每一个成功的领导者,都是怀有远见的梦想家。他们从内心深处就不甘于平庸,有自己的人生规划,有一颗蠢蠢欲动的野心,更重要的是知道如何去实现自己的野心,并且知道如何鼓舞自己去追求梦想。

1949年的一天,有个24岁的年轻人带着自信的笑容走进美国通用汽车公司应聘。当时,公司只有一个空缺的职位,而负责面试的人也告诉这个年轻人,那个职位太重要了,竞争也很激烈,你是新手很难胜任。但是,年轻人的回答很坚定:"不管工作多么棘手,我都可以胜任。不信的话,我做给你们看……"

年轻人自信的气场感染了面试官,面试官给了他一个机会。

年轻人进入公司工作后,首先认识了一个叫阿特·韦斯特的人,他对自己的新朋友说:"我将来要成为通用汽车公司的董事长。"当时的阿特·韦斯特觉得他是在吹牛。可是,32年之后,这个名叫罗杰·史密斯的年轻人真的坐上了通用公司董事长的位子。

在很多人看来,罗杰·史密斯年轻时说的那番话,简直就像是傻子在表演,真是不知天高地厚。一个个刚刚来面试的人,竟然宣扬要做公司的董事长，这怎么可能？可事实上，罗杰·史密斯做到了。

这个世界上，每件成功的事情，在它没有变成事实之前，就只是一个梦想。企业要发展壮大，团队要日益精进，没有远大的梦想和目标是不行的。未来，首先存在于梦想中，而后再存在于意志里，最后才能变成现实。

成功的组织和团队，无一例外都有一个要努力追寻的目标，而卓越的领导者也无一例外拥有远大的梦想，这是他的动力，他的方向。当然，作为企业的中层管理者，只拥有远大的梦想是不够的，还必须要成为一个愿景者，掌握团队成员的期待，并且将这种期待变成一种愿景和目标。换句话说，领导者在规划自己和组织的愿景的同时，还要让所有的追随者都明白达到愿景的过程，以激励他们为了这个愿景和目标付出努力。

拿破仑带领士兵进攻意大利，这样的行动中包含着他自己的梦想，但他也没有忘记士兵们的期待，变身成一个愿景者："我将带领大家到世界最肥美的平原去，那里有名誉、光荣、富贵在等着你们！"如此美丽而具体的愿景呈现在士兵面前，他们必然大受鼓舞，去努力实现胜利的目标。

梦想，只是一个开端，能否把梦想传递给所有的追随者才是成败的关键。正如人们所说，一个人可以走得很快，但一群人能够走得更远。管理是管人，但管人的行为不如管人的欲望。当中层管理者能够把自己的梦想、自己的欲望变成团队中所有人的梦想、所有人的欲望时，整个团队都会围绕着这个共同的梦想和欲望而努力。

领导，在管理学上的定义是："影响和推动一个群体或多个群体的人们朝某个方向和目标努力的过程。"对中层而言，工作的核心就是推动和影响，担负起愿景使命，并促使其他成员去执行。用通俗的语言来说，就是要学会"贩卖梦想"，通过描述未来前景的具体模样，点燃员工的工作热情，驱动大家不断向前。

成为合格"信息处理器"

中层是企业中最重要的信息传递者、信息解读者，甚至是信息的过滤者。企业中绝大部分的信息都会在中层交汇，经过中层的解读、分析之后，传递到它需要到的地方。所以，我们可以将中层视作企业中的"信息处理器"。

做好信息的交汇者，是中层提高自我修养的第一步。我们之所以说，中层是公司管理中非常重要的一个环节，是因为它上面连着更高一级的战略管理层，下面则联系着具体执行的操作层，是很关键的枢纽。

之前说过，中层在传递信息的时候，不能仅仅是上传下达——既不是简单地把上面交代的任务转述给下级，也不能把下属做出来的成果直接呈报给上级。尽管现实工作中很多中层就是这样做的，但还是应该指出，这样的做法属于"懒政"，是中层不作为的一种体现。

如果中层仅仅是承担了一个"传话筒"和"传令兵"的角色，往往会造成上层不高兴，下层牢骚满腹。道理很简单，下属觉得：你只是把老板方向性的要求传达给了我，具体怎么做，还需要我自己做判断；做得好有你一份功劳，可做错了呢？你没有任何责任，全是我的错！

当你直接把下属的成果呈报给上层的时候，由于缺乏系统的整理，这些成果很可能缺乏一些上层最希望看到的重要信息，这时候他会觉得你做事不用心，就是在走形式，完全不过脑子。

所以，在信息传递过程中的交流与沟通，是中层必须要掌握的一个技巧，甚至可以说是一门艺术。你既能听得懂上级在讲什么，又能让下属明白你讲的是什么,这非常关键。

·向上级汇报工作的技巧

在汇报工作的时候,中层先要搞清楚一件事:有时候,领导只希望听到一件事情的结果,就完全够了;但有时候,他们则希望能够了解一些具体的细节。如果中层不能了解领导的需求,该言简意赅的时候,选择了长篇大论;该展开叙述的时候,简单地一笔带过,就会让领导觉得你在工作的时候找不到重点,抓不住核心。

更重要的是,如果你在汇报工作的时候不讲究方法,就很难得到上司对你工作的支持和认可,会让你的工作推进起来更加困难。所以,找到汇报工作的诀窍,是每一个中层都要学习和掌握的技能。

北宋时,苏东坡在杭州任太守。当时西湖由于缺乏治理,自然环境非常不好,苏东坡就想着把这一情况汇报给朝廷,然后争取一笔修缮西湖的经费。

为了达成目的,苏东坡写了一份报告,列举了治理西湖的五大理由。可是,当其他人看完他的报告后,全都傻眼了,因为苏东坡列举的第一条理由是:怕西湖淤塞,鱼儿遭殃。

人们都说,西湖水患涉及千千万万百姓的福祉,鱼儿遭殃与之相比只不过是一件小事罢了,为什么要把这个理由放到首要的位置呢?苏东坡没有回答,而是把这份报告呈报给了朝廷。

当时朝廷中权势最大的人是老太后,她每天都在念佛。当她看到苏东坡的报告之后,马上就联想到,如果西湖不治理,就会让千万鱼儿死于非命,等于是间接地"杀生"。所以,老太后二话不说就批准了苏东坡治理西湖的方案。

这就是有技巧的沟通方法。我们作为一个中层,在汇报工作的时候,一定要搞清楚领导最重视的事情是什么,把他重视的事情说清、说透,工作就成功了一大半。

· 向上级总结工作的技巧

除了善于汇报工作之外，中层还应该善于总结工作。也就是说，中层不仅要在工作过程中给上级提供关于工作进展的信息，也要在一项工作完成之后给上级提供总结性的信息。总结工作，要求真实、客观，但真实客观不意味着不讲技巧。总结工作的技巧，在于对侧重点的选择。

清朝的曾国藩，就是一个善于总结工作的高手。他带领湘军与太平天国作战，在湘江、靖港等地屡次吃败仗。在向朝廷总结工作的时候，他的下属在奏折中写了四个字"屡战屡败"，曾国藩看了之后很不满意，随手将这四个字改成了"屡败屡战"。描述的事实完全一样，但是语境和态度却完全不一样了。

很多人都认为，曾国藩这一举动是在玩弄文字游戏，但实际上并非如此。"屡战屡败"四字透露出的是一种消极、悲观、厌战的情绪；而"屡败屡战"展现出的却是一种一往无前、不计较个人安危得失的锐气。

对于上级领导来说，他需要的总结不仅是客观事实的综述，也希望可以从总结中看到你和团队的精神面貌、进取精神。所以，作为中层，必须要掌握一些总结的技巧，在陈述客观事实的同时，利用总结来展示决心、鼓舞士气。

· 布置任务的技巧

说完了与上级沟通，我们来说一下与下级之间的交流。

中层最重要的一个工作，就是给下级布置任务，为下属设定目标。黄金时代公司的董事长缪玮是这样定义"目标"二字的——目，是目的；标，是标准。

换句话说，中层在给下属布置任务的时候，起码要讲明白两件事：

・第一件事：我们要达成什么样的目的，实现什么样的结果？

・第二件事：达到什么样的程度才算是达成了目的，通过什么样的方式去达成？

平庸的中层往往只说目的，但是好中层更重视标准。没有明确的标准，工作就没有清晰的方向。所以，在布置工作的时候，最重要的就是设立一个清晰的考核标准，即做到什么程度和层次就是实现了预期；只有每一个环节的考核标准都是清晰的，最后的结果才有可能符合预期的愿景。

・收集信息的技巧

除了布置工作、传达信息之外，中层管理者还要重视收集下属的"信息"。如果一个中层对于下属的工作动态一无所知，就会造成上下之间的信息不对称，无法高效地展开工作。

在收集信息的过程中，中层要记住一个原则：对公不对私。

你可以询问下属的工作过程，但是不能刻意地打探下属的心理状态。因为，工作过程是公事，而心理状态则属于私事；你有公权，但没有私权。

然而，现实中有一些中层管理者似乎不太明白这个道理。

刚刚被任命为部门主管的刘刚，看到手下王芳工作效率比较低，工作进度比较慢，就找到了王芳，询问相关的缘由。但他没有按照正确的方法去询问，而是上来就说："王芳，你最近工作好像有点心不在焉啊，是不是有什么意见？"

王芳一愣，说："有什么意见？"

刘刚说："对公司有意见，或者是对我有意见。"

王芳有些不高兴，说："都没有意见，我能有什么意见，刘总你这么问什么意思？"

刘刚说："没什么意思啊，就是觉得你工作效率突然变低了，一定是有原因吧。"

王芳没好气地说:"是我个人的原因,和公司没关系,和你也没关系。"

刘刚一听这话,瞬间也来气了,质问道:"怎么就和我没关系了?我是你的上司,你现在这个状态,工作进度落下很多,怎么能说和我没关系呢?"

……

上下级的对话到了如此地步,我们可以断定,在接下来的沟通中,一定是双方逐渐丧失理性,对话偏离正轨。这位中层也肯定无法通过沟通获得真正有用的信息。问题出在哪儿呢?就是我们前面说的,背离了"对公不对私"的原则。

很多中层自认为,询问下属的生活状况和心理状态是出于好意,但他们没有考虑到被"关心"的人是否愿意分享自己的内心感受,以及自身的境遇。所以,如果你想要获得下属的一些信息,想要去关心下属的工作进展情况,应该去问他工作的流程是否清晰,去探究问题到底出在哪儿,在什么地方还有所欠缺,继而帮助他一起解决问题。这才是一个领导最该做的事,而不是去探寻对方的私事,那不是一个中层该做的事情。除非你非常确定,下属很愿意和你分享他的私人问题。

总而言之,想把中层的工作做好,一定要学会输出信息、获取信息、整理信息,这样才能做到有效沟通,更好地处理上下级关系,成为一个合格的信息交汇者。

中层的最大价值在培养无数个"优秀的你"

企业的高层领导担任着规划企业远景和战略的工作。然而在现实中，我们经常会看到这样的现象：有些企业在战略规划方面并无问题，可在落实和执行方面却出了严重的问题。车头已经抵达了终点，车身和车尾却还在原地，为什么会这样呢？

究其根本，是企业缺乏出色的中层管理团队。纵使企业的领头人是出色的战略专家，可如果没有卓越的中层管理团队，再完美的战略也无法转变为现实。车头固然重要，可一旦中间的车厢出现脱节，企业战略就永远无法得到实施。所以，当企业的中层管理者一再强调"火车跑得快，全靠车头带"之类的话时，就意味着他们在把责任往高层身上推。

中层管理者处在管理者的位置上，务必要提高自己的效能，发挥出中层的职能。其中最重要的一项职能就是，承担起伯乐的角色，成为下属的助推器。中层管理者不能只想着自身有多大的能力，有多高的水平，而要对整个团队人员的职业发展和未来负责，把个人的目标和企业目标结合起来，让大家一起朝着企业的战略目标努力。

松下幸之助在管理方面有其独特的方式。他深知，好的领导不应当是独行侠，独来独往干不了大事，他要做的一切是为整个团队的成长负责，且他还要求企业中的每一位中层管理者都要为集团的整体利益负责。

有一个阶段，松下幸之助任命公司里的一位优秀研发人员中尾担任新产品研发部部长，专门负责研制小马达，因为他通过市场调查，预测到家用电器中将开始大量使用小马达，这是一个不可错过的商机。

接到任务后，中尾就开始通宵达旦地忙了起来。有一回，松下幸之助路过他的办公室，看到他独自一人在办公室里工作，就狠狠地批评了他一通。中尾觉得莫名其妙，不知道自己到底犯了什么错误，难道尽心尽力地工作也不对吗？

很快，松下幸之助就让中尾明白了缘由："在技术方面，你是我最器重的研发人才，所以我才让你担任研发部的部长。可是，你的管理才能让我实在不敢恭维，就算你一天 24 小时不吃不喝不睡觉，单凭你一己之力能完成工作吗？现在你是部长，你有权力也有责任去培养更多的技术研发人员，让他们共同参与到这项工作中来，这才是你的主要任务，而不是单枪匹马地做孤胆英雄！我相信你有这样的才能，为公司培养出十个、一百个像你一样的研发人才，这是你应该担负的职责，我相信你能做到。"

三年后，松下公司在小马达的生产上，击垮了当时日本最大的电动机生产厂家百川电机。

百川的总裁和松下幸之助在一次谈话中说道："我是专门做马达的，且做了一辈子，有一大批优秀的电机方面的专家；你是做电器的，却只用了三年的时间就把我击败了，不光在产品技术上超越了我们，生产的产品还深受市场欢迎。我很想知道，你是怎么做到的？你从哪里招来的专家？"

面对诸多的疑问，松下幸之助是这样回答的："其实，我所有的专家都是内部的员工，我把公司里的很多员工都培养成了专家，这就是我们的获胜之道。"

优秀的专家不等于优秀的管理者，技术和管理之间存在很多区别。优秀的中层管理者时刻要着眼于团队，将整个团队中的员工培养成人才，这才是尽到了管理者的职责。在实际的工作中，中层管理者要担起指挥家的角色，不能只当一个领头羊，而是要整合团队的优势，集合团队的力量，共同提高，成就团队中的每一个人（包括自己），才是一个中层管理者对下属应有的责任担当。

我们可以把"团队"（TEAM）这个单词拆开来看：

- T：together，一起、共同
- E：everybody，每个人
- A：achieves，完成
- M：more 更多

把这几个字母代表的含义整合起来就是，大家一起来共同完成更多的工作！团队的力量是典型的 1+1＞2 的模式。所以，中层管理者不能只想着单打独斗，依靠个人的能力去完成项目，或是彰显个人的水平，而是要注重团队力量的发掘，助推每一位下属共同进步。

第 二 章

中层思维坎——团队带得好，思想得有料

中层思想力，决定企业竞争力

曾经有人提出一个经典的问题：管理是科学，还是艺术？

这个问题的正确答案是：管理学是一门科学，而管理的实践是一门艺术。

我们都知道，科学是讲求严谨的，一就是一，二就是二。所以，当我们在学习管理理论的时候，一定要本着一颗实事求是的心，严谨地求知、探索。然而，在进行管理实践的时候，我们却要针对不同问题、不同的管理对象，结合自己的管理特点，确定最终的管理方式。这就是艺术，追求个性，追求差异化。

简而言之，当我们学习管理学的时候，一定要系统、全面地学习；当我们运用管理学理论的时候，一定要有的放矢，将不同的管理理论根据实际情况，综合到自己的管理实践中。毕竟，我们不可能用一套理论去管理所有人，也不能不遵循基础的管理原则和管理理论，仅仅靠着自己的本能和直觉去管理。

当一个中层管理者能够把管理科学和管理艺术合二为一的时候，那我们就可以说，他掌握了"管理的思想"。没错，所谓的管理思想力，就是理论与实践结合，形成的一种只属于自己的思想力。反之，要形成自己的管理思想，就必须追求"知行合一"的管理境界。

腾讯公司的刘炽平，就是一个善于将理论与实践相结合的管理者，他的管理思想是腾讯公司不断攀登巅峰的一大重要因素。曾有人把刘炽平称为"打工皇帝"，实际上，在很多人的心目中，这个从中层一步步走到今天的管理者，早已具备了一个成功企业家的所有要素。

刘炽平出生在北京，父母都是香港人。他读书刻苦，25岁时已经拥有美国密歇根大学电子工程学士学位、斯坦福大学和西北大学两个硕士学位。

1998年到2000年，刘炽平曾先后任麦肯锡的管理顾问，高盛亚洲投资银行部电信、媒体与科技行业组的首席运营官。在这段时间里，他接触到了许多非常复杂的项目，例如：业内人士都知道的"广东粤海集团重组"项目，项目涉及100多家债权银行，400多家公司。刘炽平为了这个项目整整工作了两年，每天都要工作到凌晨两三点，项目做完之后，刘炽平对企业的管理、经营、执行等所有流程都有了全面了解。

刘炽平说，这个项目对于我来说是一次绝佳的机会，因为以前所有关于管理的知识，都是从书本上学到的，但是现在通过这个项目，我有机会和企业中的方方面面深度接触，去参与他们的工作、观察他们的管理模式，那些书本上学习到的知识，通过不断的实践变成了我自己的东西，我相信以后不管遇到什么项目，我都能完成。

后来，刘炽平来到了腾讯。上任之后，他表现出了全面的管理才能。

2009年，他带领腾讯完成了面向即时通信、网络游戏、门户网站和电子商务的全业务布局。2011年1月底，他主导了腾讯产业共赢基金的建立。之后，他又主导了战略入股京东、入股滴滴等重要项目……他迅速成为腾讯不可或缺的人物之一。可能很多人都不知道，在腾讯公司，工资最高的人不是马化腾，而是刘炽平，他的工资是马化腾的五倍。

曾有人这样评价刘炽平：他的成功，是思想力的成功。一个管理者如果没有属于自己的管理思想，那么不管他多么优秀，终归是有上限的；那些掌握了管理思想的管理者，给他多大的平台，他就能发挥多大的价值。这就如同将领带兵打仗，一般的将领能妥善指挥一万人出征就很不容易了；优秀的将领可以带十万人，但那已经是他们的极限；而精通战略思想的将领，就如同韩信那样,他们是没有上限的,多多益善!

任何一个企业,都需要有思想力的中层。因为中层的思想力,决定了企业的竞争力。

国内有三家知名的互联网企业:阿里巴巴、腾讯、京东。众所周知,前两个企业要比最后一家企业体量大。有人在谈论其中的原因时,调侃地说道:"马云有蔡崇信,马化腾有刘炽平,刘强东有谁?只有他自己!"

我们不去讨论这么解释是否恰当,也许这是个人的见解与调侃,但有一个道理是肯定的:一个企业除了需要创始人、领导人发挥重要作用以外,"帮手"的作用同样不可忽视。每一个中层都要努力让自己成为这个重要的帮手,具体的做法就是,不仅要有理论,要善于实践,还要把二者结合起来,形成攻无不克的管理思想力。

所谓的管理思想力,指的就是能够在企业管理的基础框架下,不断提高思维能力、创造性,在管理中既不墨守成规,又能制定出科学有效的管理方案,同时能够创造性地提出问题和解决问题。

拿破仑曾经说过:"宝剑和思想,是这个世界上最有力的武器。"他还进一步解释道,"思想可以支配人的行为,是所有力量的源泉。"管理的一个重要使命,就是能够有效地"支配"团队成员的行为。所以,要想成为优秀的管理者,一定要掌握思想的武器。

另外,中层还要明白,没有绝对正确的管理思想,只有最适合自己的管理思想。这与武林高手使用武器是同一个道理:屠龙刀那么厉害,你把它给了用剑的令狐冲,威力必然大打折扣。

观察国内知名企业家的管理思想,我们不难发现:每一个人的思想,都与自己身处的行业、企业有很大的关系。我们不妨分析几个真实的案例。

海尔集团的张瑞敏,他的管理思想是"擦桌子思想",重要的是搞明白谁来擦、擦哪里、什么时候擦、谁来检查与考核。他之所以会形成这样的管理思想，是海尔集团的性质决定的。海尔是一家制造业企业，非常重视"流水线作业"，必须通过管理理顺每一个岗位的关系。

小米科技的雷军，他的管理思想与张瑞敏有很大的不同。他认为，管理需要培养一批有竞争力的合伙人！不需要KPI，组织扁平化，提高运营效率！为什么呢？因为他执掌的是一家互联网企业，实现扁平化的管理方式，能够让每一个好点子第一时间由基层传递到高层，这是最有效的管理思想。

方太集团的茅理翔，他的管理思想是，把权力下放给有能力的人，但要把钱放到同一个口袋里。他会产生这样的管理思想，是因为他管理的是一家家族企业，如果不能把钱放进一个袋子里，就会导致企业中的家族管理者争相食利。

由此可见，每一个杰出的管理者都有一套符合自己企业实际情况的管理方法，这套方法既来自他们的理论学习，又经过了长期管理实践的考验，最终升华为"管理思想"。

中层们应该向他们学习，既不能把学到的管理知识不加消化地用在管理实践中，也不能光凭着自己的直觉、本能去管理一个团队。古人说过："尽信书不如无书。"如果你不能因地制宜，有时理论就会害了你。所以，中层管理者一定要加强学习，从不同的地方汲取管理的营养，最终把理论与实践相结合，形成自己的管理思想。

全局思维

全局思维是由基层员工晋升到中层领导之后，最需要培养的一种思维模式。

全局思维的重要性，我们不再赘述了，相信每一个新中层都深有体会。全局思维在生活中无处不在，在很多场景下、很多领域中，是否拥有全局思维直接决定着人与人之间的水平差异。

我们举个最简单的例子：明天，某人要去迪士尼乐园游玩。在出发之前，他可以什么都不做，也可以提前找一张迪士尼乐园的地图看一下，规划一下游玩路线。别小看这么一个不起眼的行为差异，它直接关系到这个人是否能在迪士尼玩得尽兴。

与很多去过迪士尼乐园的人交谈之后，你会发现：许多人虽然去过，但是聊起其中的某个项目却显得一脸茫然，他会问："那是个什么项目？在哪儿？我怎么没见过。"他们为什么会如此混沌不清？就是因为没有提前看一看地图，没有提前规划一下游玩路线。很有可能，这些项目当时一不留神就错过了。

那张地图意味着什么？实际上，它就是"全局思维"。

在去迪士尼乐园游玩这件小事上，看不看地图没那么要紧，懵懵懂懂地游玩一番，也自有乐趣。但是，在管理这件事情上，没有养成"凡事看地图、提前规划路线"的习惯，是万万不行的。换句话说，如果你没有全局思维，就无法成为一个好中层。

那么，对中层管理者而言，如何才能够真正养成全局思维呢？

实际上，在"中层管理的全局思维"这张地图上，有五个非常重要的坐标。从你第一天坐上中层的位置，就应该朝着这五个坐标快速迈进。

·第一个坐标：团队招募

一个中层的全局思维，首先体现在什么地方？答案一定是，他心里非常清楚地知道我需要什么样的下属，我要打造一个什么样的团队！如果没有弄清楚这一点，全局思维就无从谈起——无兵可用，战略再高超有什么用？

对于新中层来说，手下的人可能不是自己亲自挑选的，但你可以设立自己的一套标准和评判方式，以此作为衡量下属的标尺；也可以用自己的实际行动，直接或间接地影响他们。最终的目的，就是要找到那些符合你要求的人，作为自己团队的中坚力量。

想要改变一个人的性格是很难的，但在一个团队中，个人的行为方式和思维模式在很大程度上都跟领导的影响密切相关。就如《亮剑》中政委赵刚所说："一支部队也是有气质和性格的，而这种气质和性格是和首任的军事主管有关，他的性格强悍，这支部队就强悍，就嗷嗷叫，部队就有了灵魂，从此，无论这支部队换了多少茬人，它的灵魂仍在。"

我们有理由相信，如果管理方法得当，完全可以塑造出一个团队的性格和气质。

·第二个坐标：目标

全局思维服务的对象，应该是你的目标。你需要带领下属朝着目标不断迈进。但是，在追逐目标的过程中，中层一定要知道两件事：

·你的目标，不见得是所有人的目标。

·你实现目标的方法，不见得是所有人的方法，每个人都有自己的一套方法。

鉴于此，在确立目标之后，中层要做的第一件事，就是将这个目标植根于下属的心里。由于下属的性格和心态不同，所以你还要加以区分，用不同的方式激励他们去实现目标。

有些员工属于自驱型，这类员工有进取心，也有长远的打算，只要你的目标设定得合理，他们非常愿意加入你的"阵营"。对于这类员工，只要给予他们长期的激励，如更大的自主权、长期的分红机制等，就能让他们不断地发挥出潜能。

还有一些员工属于任务型，他们对长期目标不感兴趣，只关心"我今天要做什么，我明天可以得到什么"。对于这类员工，要以短期激励为主，通过奖金、休假等方式，去激励他们完成有限的目标。实际上，能够完成一个又一个短期目标，也是在为你实现长期目标作贡献。

·第三个坐标：团队文化

组建了一个团队，设定了长期的目标，在接下来很长的一段时间里，还要致力于打造一种团队文化。团队文化，听起来是比较务虚的概念，但是"虚"不代表无用，因为精神上的"虚"可以转化为物质上的"实"。

无论是企业还是团队，人是最重要的因素，而人又是最复杂的生物，灵活多变，有很强的自主性和独特性。把一群人集中在一起朝着一个方向努力，是天底下最难的事之一。

周其仁教授曾说："处理人跟人之间的问题，特别是建立人之间的信任，很不容易。里面除了有思想问题，还有组织技术。如何系统地让人互相建立信任，一天一天、一年一年持续下去，这是很不容易的。人的关系很容易'变形'，甚至可以说比钢条还容易变形。钢炼好了不轻易变形，可是人的关系、组织就容易'变形'，因为人是主动资产，受外部各种想法、利益、风潮的刺激，日久生变很常见。"

有没有什么东西，可以让团队中的人统一思想、统一行动？

答案是有，那就是团队文化。团队文化之所以有这种神奇的魔力，是因为不再是冰冷的规章制度，而是融入团队成员骨子里的"动机"。比如，有些团队强调狼性文化，你会发现，即便是没有规章制度的制约，这样的团队也是充满渴望、充满激情的；有些团队强调坚韧，那么这个团队在遇到困难的时候，一定不会被轻易打倒。

对中层而言，你的团队需要建立什么样的文化，取决于两个方面：

· 你自己。你的性格是什么样的，团队文化就会朝着什么样的方向发展。你充满渴望，团队就会如饥似渴；你无私奉献，团队就会忘我奉公；你遇事豁达，团队自然也充满乐观主义的精神。

· 所在行业。每个行业都需要不同的团队文化，销售行业就是要强调狼性、强调欲望；需要精细工作的行业，就是要强调严谨、强调危机意识。

人不同、行业不同，需要营造的文化自然也不同，这就需要每一个中层结合自己的实际情况，慢慢地摸索。

· 第四个坐标：问题的关键点

所谓的全局意识，不是眉毛胡子一把抓。越是有全局意识的人，越能找到问题的关键点。一个优秀的中层管理者，在执行任何一项工作时，都会首先找到问题的关键所在，了解问题中的主要矛盾和次要矛盾。

在实际工作中，中层往往会遇到许多矛盾，比如：任务繁重与人手不够的矛盾，目标与分工的矛盾，等等。面对这一系列的矛盾，该怎么办呢？

首先，要深入认识每一种矛盾。比如，面对任务繁重与人手不够的矛盾，先评估人手的缺口到底有多大，是否能够通过加班来弥补这个缺口。如果人员缺口已经大到无法用加班来弥补了，你却没有认识到这一点，非逼着下属加班完成工作，最终会导致工作做不完，下属怨声载道。这，就是没有抓住解决问题的关键。

其次，要分清主要矛盾和次要矛盾。比如，目标与分工的矛盾。要知道，在这个矛盾里，实现目标是根本，分工是手段。处理这个问题时，不能因为分工有问题就转变了目标，而是要通过改变分工，来更好地达成目标。

· **第五个坐标：数据**

有些中层不重视数据，无论是行业的发展数据、公司的营收数据还是下属的出勤数据，在他们眼里都只是一堆冰冷的数字，没有任何意义。

其实，数据中隐藏着事物发展的规律和趋势。中层想要提高自己的全局意识，一定要在数据中发现问题，提高自己对数据的敏感性，从数据的变化中发现解决问题的方法。要知道，如今是数字的时代，如果不能提高数据分析能力，将难以看到发展的大趋势，永远是井底之蛙。

立体思维

中层管理者在工作中肯定会遇到很多问题。如果你的工作模式只是"遇到问题解决问题",而不去深入思考问题背后的真正原因,那你就要警惕了。很有可能,你暂时还没有养成立体的管理思维。

曾有人说,没有立体思维的中层永远是庸才。话虽不中听,却也道出了一番现实情景。

学过几何的人都知道,几何中最基础的概念是"点",过这个点可以画一条线,两条线可以形成一个平面,三条线可以决定一个立方体。点,没有面积没有体积,平面只有面积没有体积,而立方体则既有面积又有体积,我们的世间万物都包容在立方体里。《道德经》里说,道生一,一生二,二生三,三生万物,指的也是这个道理。

我们的思维也一样,如果思想只有一个点,就是点思维。点思维,也可以称为零思维,意思就是没有经过大脑,是来自于本能的反应。虽然在某些学说里,特别推崇代表着自然天性的零思维,认为零思维是最真实、最有灵性的。但对于中层管理者,零思维管理是万万不可取的。因为中层管理者大都还在探索学习的阶段,并没有形成管理的本能,这个时候如果不经大脑做出管理决策,很可能会做出错误的决定。

点思维之后,就是线思维。一条线只有两个方向,所以线思维是一种比较极端的思维,非进即退、非黑即白。人们经常形成那些"钻牛角尖"的人是"一根筋"。所谓一根筋,其实就是一条线的思维模式。

中层管理者要看到事物的复杂性，不能用"二元思维"概括一切。比如，评价一个员工的时候，不能简单地说：这个是好员工，那个是坏员工；这个员工都是优点，那个员工都是缺点。在评价一些事情的时候，也不能说这件事是好事，那件事是坏事。要充分认识到人、事、物的复杂性，好人也会有缺点，坏人也并非一无是处；好事中也暗藏着风险，坏事中可能也包含着机遇。

中层管理者的"二元思维"，还体现在对权威的盲从上。比如，有些中层认为，某个管理大师说的话都很有道理，或者把某个企业家当成自己的偶像，对其所说所做"言听计从"。反之，他们也会认为，某种管理理论是彻底行不通的，某个企业的管理理念是绝对错误的。这些都是非黑即白的线性思维，不可取。要知道，在管理的领域不存在完全正确的"神"，也没有彻底"黑化"的"鬼"，管理是"人的艺术"，我们不能盲从，要懂得根据实际情况进行变通。

比线思维更进一层的面思维，就是我们前一节所说的，凡事只在一个平面上想问题，往往不能考虑事物深层的发展规律，更不能深入地了解被管理对象的心理特点。

而终极的思维，就是立体思维。立体思维的核心在于"框架"。我们都知道，任何的立方体都是由框架组成的，而立体思维的本质，恰恰就是搭建这样一个思维的框架，也叫"思维模型"。通常来说，思维框架是由三个要素形成的：

· **第一个要素：信息的输入**

中层一定要学会筛选信息、过滤信息，分辨有效信息和无效信息。作为管理者，每天要接触到的信息都可以用"爆炸"来形容，几乎每一刻都会有人向你提供新的信息。

信息分为两种，一种是直观的信息，比如，大部分的数据信息、通报结果的信息，以及那些直话直说的信息；另一种信息不是直观的，需要你去"领会"。比如，有时候，上司会委婉地提出批评、给出建议，下属为了某种目的会故意把核心信息放到一大堆非核心信息中呈递上来。这个时候，就需要你来做出判断了。

· **第二个要素：大脑处理**

信息来了，你要能够处理这些信息才行。处理信息需要两种资源：一种是知识，它是用来认识信息的；另一种是经验，它能够迅速地将信息与场景结合到一起。

例如，下属呈报上了一个季度的行业发展趋势图、企业销售份额图，要看懂这些图，你首先得有"读图"的知识。可是，光有知识不行，你还要根据经验联系实际去分析图中的深意。同样的一份信息，在不同的月份、不同的行业背景之下，有着截然不同的意义和作用。如果你不能把信息与场景有机结合到一起，看了也是白看，信息是无效的。

· **第三个要素：信息的输出**

在获取信息、分析信息之后，还要把信息传递出去。你获取的是原始信息，分析的是要点信息，而传递出去的则是"成熟信息"。什么是成熟信息呢？就是可以指导下属如何去做的具体信息，即所谓的解决方案。

大多数时候，下属只需要你的解决方案，不需要知道你是如何产生这个解决方案的。但是，你必须非常清楚自己收到信息、分析信息，并最终推导出解决方案的整个过程。如果没有这一整套过程的话，你最终的解决方案，肯定是不完善且缺乏说服力的。这就好比，我们解一道数学题，特别是选择题，只有唯一答案的那种。多数时候，老师不会去探究你的解题步骤，只要结果对就可以拿到分。可如果你因此认为解题步骤不重要，随便填一个结果上去，那这个结果极有可能是错的。

如果凡事都能够按照这三点去分析，你的思维就会变得立体起来。你不仅会知道一个事物过去是什么形态，现在处于什么状态，还可以预知甚至是掌控它未来的发展势态。

点思维、线思维、面思维和立体思维，在人群中是按照橄榄型分布的。也就是说，点思维的人很少，线思维和面思维的人占据了大多数，而拥有立体思维的人也很少。基本上是两头尖、中间圆。这也符合这个社会的基本现实，一般的人占大多数，极优秀的人和极平庸的人是少数。作为中层，一定要尽量让自己往上走，成为极优秀的一员。

实际上，在各种思维模式之间，还存在着一种微妙的关系，那就是后一种思维模式可以兼容前一种思维模式，如面思维可以兼容线思维；但反过来之后，前一种思维模式是无法理解后一种思维模式的，如点思维无法理解线思维的问题。

简单解释一下：拥有立体思维的人，可以洞穿平面思维的想法，但是平面思维的人，在多数时候都不能完全理解立体思维是怎么想的。这也造成了管理中的一个不对等现象——让拥有立体思维的人管理平面思维的人，十分容易；但是，让平面思维的人管理立体思维的人，非常困难。这就要求，中层管理者一定要具备立体的思维，这才是典型的管理思维。

强化立体思维，中层们需要做好以下三件事：

第一，主动思考。管理者必须学会主动思考，不能被动应对。

第二，培养逻辑思维能力。逻辑思维是立体思维的基础，管理者想要搭建自己的思维框架，一定要不断培养自己的逻辑思维能力。逻辑思维就相当于我们盖房子建立大框架时的图纸，如果没有这个图纸，把原料随意堆砌，永远建不成一座结实的房屋。

第三，培养对数据的敏感性。在立体思维里，数据是非常重要的东西。数据如同空间里的坐标，如果没有坐标，即便是形成了立体的思维，也很难充分利用立体思维空间进行精确的思考。

战略思维

中层，顾名思义，就是一个组织内位于中间层级的管理者。

试问：管理者到底是什么？在很多人看来，管理者职位是一个能够带来地位、级别和权威的通道。但正如影视剧中的浪漫情节与现实生活的落差一样，现实层面的中层管理工作跟很多人想象的相去甚远。换句话说，那些把管理和财富、荣誉、特权联系在一起，甚至等同起来的人，很难成为优秀的中层。

回归管理本质，中层管理者所做的工作，实际上就是一个"替代"的工作。他所替代的不是员工，而是老板和企业。究其这一特质而言，中层在现实工作中需要做好八件事，并具备与之匹配的八种能力。

· 第一件事：负责实施高层管理者制定的总体策略，与上层有直接的汇报关系。

对应能力：极强的理解能力。

· 第二件事：能够宏观把握部门的发展方向，并推动部门发展。

对应能力：优秀的管理能力。

· 第三件事：制定计划、安排执行。

对应能力：出色的计划能力。

· 第四件事：与平级有效沟通，并维持良好的关系。

对应能力：较强的社交能力。

· 第五件事：把公司的战略分解为具体可执行的战术，明确地传达给自己的下属。

对应能力：极强的沟通能力。

·第六件事：维护团队的团结，解决团队成员间的不睦。

对应能力：团队的协调能力。

·第七件事：不断提升自己主管团队的能力的意愿，并且能够带动他人和自己一起进步。

对应能力：需要有自我驱动的能力。

·第八件事：发现问题、分析问题、分解问题、解决问题。

对应能力：超强的总结能力。

分析和认识这八件事以及对应的八种能力，我们不难发现：中层与基层最大的不同在于，基层需要战术上强大的执行者，而中层则更需要战略上精通的开路人。

从成为中层的那一刻起，你就要清楚地认识到，自己和从前不同了。从前的你，只需要做好一颗棋子就足够了。但是现在，你的视野要跳出棋盘上条条框框的限制，站得更高一点，看得更远一点。

需要注意，这里提到的"中层要站得更高一点"，指的是视野高，而不是姿态高。中层，尤其是新中层，一定要意识到这两者的区别。在现实工作中，有些新中层上位之后，高视野没有体现出多少，高姿态倒是显而易见了。这种做法非常不利于工作的展开，而从另一个角度来说，这其实也是格局有限、视野低下的一种体现。

中层的战略思维，最直接的体现就是"价值观"。

一个基层员工可以通过"做事情的多少"来衡量自己的价值。同样的事情，别人一天完成了一件，你一天完成了五件，你的价值自然就比别人高。但是，作为一个中层，做得多不见得价值就高，唯有创造更多的"效益"，才能体现出更高的价值。

一个基层员工可以理直气壮地说："我没有功劳也有苦劳。"这句话从他们的立场来看也不是完全没有道理。很多不理想的结果，并不是执行出了问题，而是战略出了问题。在这个时候，员工说"没有功劳也有苦劳"，就是一种事实。

然而，对于中层来说，这句话是万万不能说出口的。你能够在岗位上创造出效益，不用你去争辩，功劳苦劳全都是你的。没有效益，你将一无是处。这就是"中层"岗位带给你荣耀和利益的同时所展现出来的"残酷性"。很多老中层会经常感慨说："没有效益，连呼吸都是错的。"前辈诚不我欺。

不少人想当然地认为，战略是高层需要考虑的事，和中层关系不大。事实真的如此吗？我们知道，战略目标需要解答三个问题：

第一，战略目标聚焦在什么业务上？

第二，需要什么资源支撑业务和实现目标？

第三，企业的结构是否与业务和目标相适应？

通过这三个问题，高层管理者能够实现企业的终极目标吗？答案是，不一定。要让答案变成肯定，还需要有中层和基层强有力的执行力作为保障，尤其是中层。

有句话你可能也听过："赢在战略，成在管理。"中层是管理的中坚力量，是企业成败的关键。所以，中层必须具备战略思维，和高层思想统一、行动一致，分解企业的战略目标，围绕战略目标来开展企业所有的经营活动，最终实现企业的终极目标。

从基层到中层，是一个人由战术价值到战略价值的提升过程。认识到了这一点，才算是抓住了"中层"二字的精髓。如果中层没有战略思维的能力，就没办法承上启下，就会导致整体的执行力出现问题。毕竟，战术的勤奋永远不能弥补战略的懒惰。唯有在战略上有所认识、有所突破，才能让执行变得更精准、更有效。

创新思维

苏联心理学家达维多夫说过:"没有创新精神的人,永远只能是一个执行者。"

这句话对现代中层管理者来说,应当是一句深谙于心的箴言。美国著名的《商业周刊》曾经出过一本特辑叫《21世纪的公司》,里面的核心观点就是:21世纪的经济是创造力经济,创造力是财富和成长的唯一源泉。在知识经济条件下,具有创造力的中层管理者,其所创造的价值要远远大于一般的中层管理者。

美国通用公司对外发出招聘业务经理的消息后,吸引了众多有学识和能力的人前来应聘。在众多应聘者中,有3个人表现突出,但他们的学历相差悬殊:A是博士,B是硕士,C是刚刚大学毕业的本科生。在终极选拔时,公司为3名候选人出了这样一道题目:

很久以前,一位商人出门送货,不料途中下起了雨。此时,距离目的地还有一大段山路要走。商人到牲口棚里挑选了一匹马和一头驴,帮助自己载货。路很难走,驴不堪劳累,就央求马替它驮一些货物,可是马不愿意帮忙。最后,驴因为体力不支而死,商人只好把驴子背上的货物全部移到马的身上。这时候,马才有点儿后悔。

又走了一段路,马实在吃不消了,就央求主人替它分担一些货物。主人听后,有点儿生气,说:"如果当初你肯替驴分担一点,就不会这么累了,活该!"过了不久,马也累死在路上了,商人只好自己背起货物。

应聘者要回答的问题是:商人在途中要怎样做,才能让牲口把货物运往目的地?

博士 A 说:"把驴身上的货物减轻一些,让马来驮,这样就都不会被累死。"

硕士 B 说:"把驴身上的货物卸下一部分让马来背,再卸下一部分自己来背。"

本科毕业生 C 说:"雨天路滑,且还是山路,用驴和马本身就是错误的选择,应该选择能吃苦且有力气的骡子去驮货物。商人根本没有思考这个问题,所以才造成重大的损失。"

结果,C 毕业生在这次选拔中脱颖而出,超越了另外两位学历高于他的竞争对手,被通用公司聘为业务经理。考官这样选择的理由是,虽然 A 和 B 的学历较高,但遇事不能仔细思考,C 在文凭上虽略逊一筹,可他遇到问题时不拘泥于原有的思维模式,灵活多变,善于动脑,有创造力,这是一项很宝贵的能力。

创造力是一个人一生的资本,也是现代企业中许多优秀中层管理者的成功秘诀。比尔·盖茨一度认为,过去几十年社会的种种进步,都是源于人类身上的一种无法预测的创造力。他曾经多次强调:"对于一个公司来说,最重要的就是中层管理者的创造力。我们要做的事情是,招募业界最聪明、最优秀、最肯干、最有创造力的人进公司。"

领导活动不是单一的事务性工作,它有综合性、复杂性和多变性的特点,可以说是一项创造性的活动。况且,时代在不断发展和改变,中层管理者必须创新再创新,才能解决层出不穷的新矛盾、新问题,这是时代的要求和历史的必然。

可能会有一些中层管理者心生感慨:"难道勤劳苦干就没有前途吗?就

不被高层看好吗？"当然不是，每个高层都认可耐劳肯干的中层管理者，而勤奋踏实也是一个优秀中层管理者不可或缺的素质。但是，想要得到高层的重视和欣赏，仅仅付出汗水是不够的，还要努力成为智慧创新型的中层管理者。

约翰·洛克菲勒说过："如果你要成功，你应该朝新的道路前进，不要踏上已被成功人士踩烂的道路。"我们可以把这句话略微地调整一下：如果一位中层管理者渴望成功，就要主动创新，而不是跟在别人的后面"亦步亦趋"。优秀的中层管理者绝对不是"只会低头拉车"的老黄牛，这样的汗水型中层管理者已经远远跟不上组织的需要了，其前途也只能是"数十年如一日"待在原来的岗位上，难有更大的发展。

中层管理者在实际工作中，要带领各种不同的组织成员，去追求一个共同的组织目标。然而，每个组织成员的价值和利益取向都是很复杂的，这就决定了中层管理者在处理问题时，不能简单地依照"对与错""是与非"这两个维度来思考，而是要用不同的新方式、新视角去思考原有的问题，形成适合环境变化的新模式，这些无不在考验着中层管理者的创新思维。

那么，在具体的工作中，中层管理者怎样才能提升创新力，塑造创新思维呢？

· **目光高远**

如果一个中层管理者的眼界有限，只顾眼前的事务，很容易思维固化。那些有远大理想和抱负的中层管理者，能够站得更高、看得更远，思路也更加开阔。

· **心态积极**

没有良好的心态，很难专注、高效地思考问题。一个优秀的中层管理者，无论在什么样的境遇下，都能保持一种良好的心态。别人认为做不到的事情，他却能克服困难，挖掘积极的因素，变不利为有利。

·善于观察

一个有远见卓识的中层管理者，应当是一个优秀的观察者，能够从别人司空见惯的事情中发现问题，从而在工作实践中发展创意。这就要求中层管理者平日要多观察周围的事物，不断锤炼自己的创新能力和发散思维。

·标新立异

有些问题按照常规的方法去思考，往往得不到正确答案，可若是把问题反过来思考，或是换一个角度切入，就能顺利解决。在山重水复疑无路时，中层管理者要善于用标新立异的思考方法去突破困境。

·集思广益

戏剧大师萧伯纳说过："倘若你有一个苹果，我也有一个苹果，而我们彼此交换苹果，那么，你和我仍然是各有一个苹果。但是，倘若你有一种思想，我也有一种思想，而我们彼此交换思想，那么，我们每个人将各有两种思想。"

认真汲取他人的智慧，解决问题时就能由一个方法变成几个、几十个方法。身为中层管理者，在思考问题、处理问题时，要多征求别人的意见，不可自以为是、固执己见。否则的话，思维就会逐渐闭塞、僵化，失去活力，难有创新。

总之，现代组织或企业对中层管理者的要求越来越高，这就要求中层管理者有很强的事业野心，对企业和团队有使命感，有活跃的思想，对新事物敏感，且具备创新意识和能力。不夸张地说，没有创新力的中层管理者，很难在未来的角逐中站在峰巅，唯有高瞻远瞩，放眼高处，才能看到别样风景。

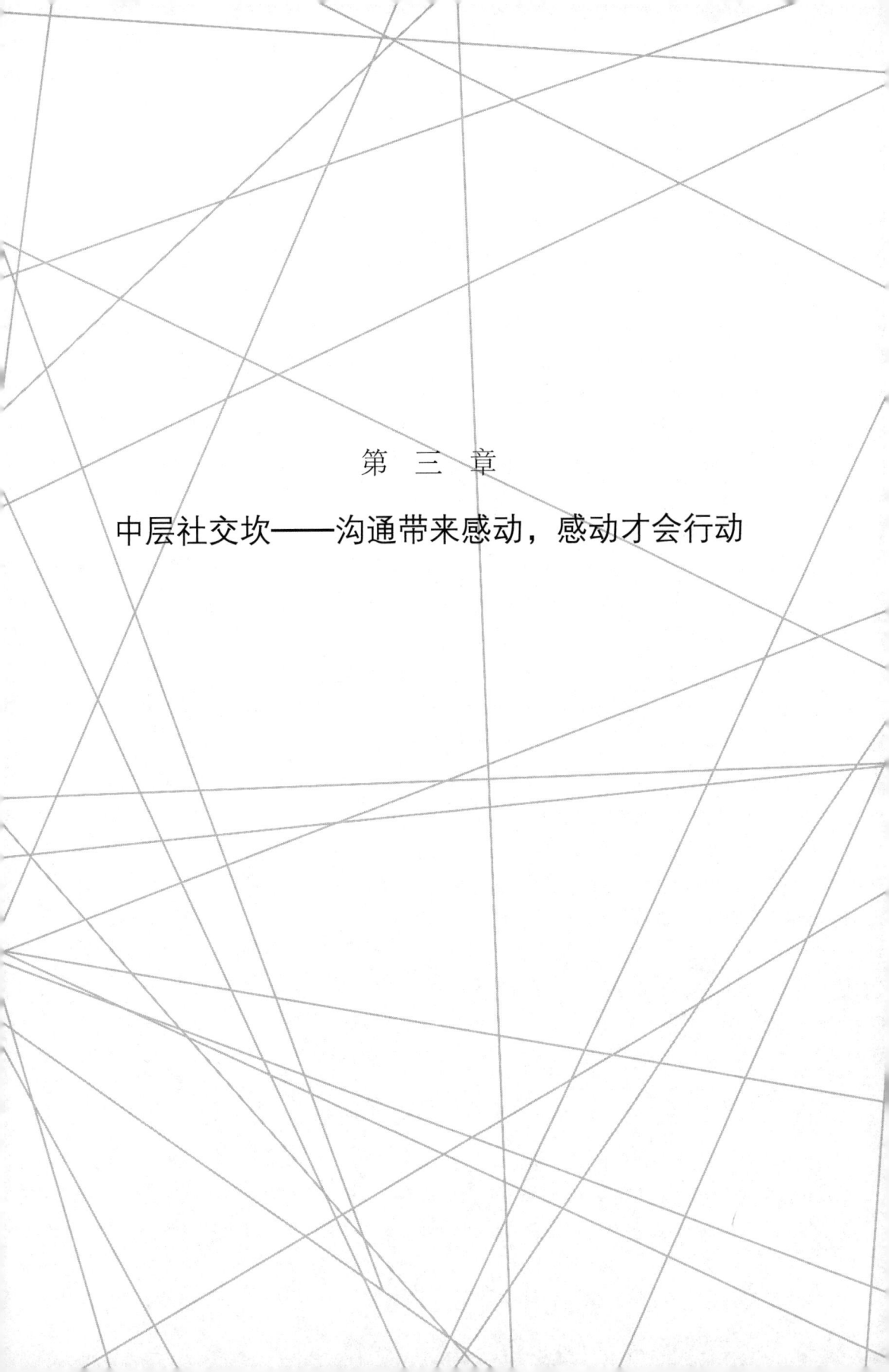

第三章

中层社交坎——沟通带来感动，感动才会行动

中层人际管理的四个原则

中层想与周围的同事搞好关系，在很多细节方面都需要注意。这些细节数不胜数，很难摘出来逐一分析，但我们可以做一个概括。大体来说，有四个原则是必须遵从的，这可谓一切行为的准则，也可将其称为中层人际管理的四个真理。

· 第一个原则：不要用自己的思想去衡量别人的行为

在企业中，我们难免会碰到一些所谓的"奇葩"同事，他们的某些行为令人难以理解。这个时候，我们很容易用自己的想法去猜测别人的行为背后到底有什么用意。实际上，这是非常不明智的。

设计部的中层管理者S，接到了产品部中层Q递过来的一项任务。说是任务，其实只有一张图片，除此之外再无其他。S想了半天，也不明白这到底是什么意思。于是，他特意打电话问Q："什么意思？"

听到这四个字，Q愣了一下，回应道："你什么意思？"

S解释说："你发一张图片过来，有什么要求？"

Q没好气地说："你是做设计的，难道就没有一点自己的思路吗？那要你做什么？"

S瞬间怒火中烧，说话也开始变得难听起来，两个人在电话里大吵了一架。

事后，S还是怒气难消，他心理暗自想："这个人为什么要刁难我？难道是对我有意见？"他越想越不对，越想越觉得对方是个"奇葩"。自那之后，他看到 Q 就烦，本来应该通力合作的两个人，几乎到了水火不容的地步。

看到这里，你一定也很想知道：事情的真相，到底是怎么回事呢？

很简单，那位产品部的中层 Q 是西北人士，在他们的方言里"什么意思"是一句挑衅意味非常浓的话。所以，当他接起电话听到设计部中层 S 直接问自己"什么意思"的时候，瞬间就不高兴了，因而用词比较尖锐，最终导致了两个人发生口角。

在这件事情中，两位中层都犯了同一个错误，就是用自己的思想去衡量别人的行为。Q 觉得"什么意思"是一句挑衅的话，但他却全然没有想过：也许在别人的文化习惯里，这句话仅仅就是字面意思。S 认为，对方对自己出言不逊，一定是有更深层次的原因，但他也没有意识到，其实是自己的某句话触碰到了对方的"逆鳞"，才让一件小事演变成了两个人旷日持久的矛盾。

在与同事相处时，中层们要明白，虽然我们经常讲要尽量理解别人，但实际上我们永远不可能完全了解一个人。对方的某些想法、文化背景、过往经历，都和我们有差异，所以不能用自己的思想去猜测别人的行为。与其猜测，倒不如有什么想法直接说出来更好。

在职场中，中层一定要明确"群己权界"，意思就是：不要认为别人的想法和自己差不多，别人的处境和自己差不多，这是非常危险的想法。

在企业里，我们经常会听到这样的话："什么？你居然没看过这本书？那么经典你都没看过？"人家就是没有看过，或者想看还没来得及看，这又有什么关系呢？你觉得理所当然的事情，可在别人这里不一定是，你对他说这样的话，除了引起反感，没有其他作用。

每一个职场人，特别是中层，都要建立"把别人当别人"的意识。只有那些思想不成熟的人，才会觉得所有人都应该和自己一样。真正见过社会百态的成熟的人应该意识到，这个世界不是由一种颜色组成的，世上的人各有各的苦乐、各有各的喜忧。

·第二个原则：不要用纯粹的理性击垮人与人的感性交往

很多中层为了强调自己的"职业形象"，在工作交往中往往以一种纯粹的理性状态出现——这是你的职责，我不插手；这是我的领域，你别来染指。实际上，这种纯粹的理性，在大部分企业中都会显得有点"不合时宜"。

某家企业的老总发现，自己的下属办事效率很低，尤其是涉及需要合作的任务，下属之间几乎没有合作的意愿和经验。因此，随着公司越做越大，需要合作的地方越来越多，效率却也日益低下。老总思前想后，最后找到了问题的根源。

造成这种问题的主要原因是，他的下属们都太"理性"了。在公司创办之初，由于业务比较简单，下属之间的合作比较少，他总是强调"各司其职""专业的人就应该做专业的事"等价值观。现在，随着业务扩大，需要合作的领域越来越多，但下属们依旧坚持以往的价值观，完全没有意识到合作的重要性。

怎么办呢？老总去请教一位前辈，问道："我是不是应该制定一些关于合作的制度？强迫下属加强合作。"前辈说道："没那么麻烦，你在接下来一段时间里多组织一些联谊活动，问题可能就解决了。"

听了前辈的话，这位老总时不时地组织一些跨部门的小活动，小到中午喝杯咖啡，大到晚上吃顿大餐、K歌，甚至周末两日游。过了一段时间，老总惊讶地发现，公司里的合作氛围变得浓厚起来了。

为什么会出现这样的转变？其实，就是因为同事之间除了理性的交往之外，多了一些感性的接触。中层要明白，职场里"水至清则无鱼"，大家都是有血有肉的人，不能天天以一副面孔对人，在交往中多一些生动的东西，人际关系处理起来会简单很多。

·第三个原则：尊重自己的感受

我们时常强调，中层管理者要有大局意识，讲究高瞻远瞩。这固然没有错，但有些时候，中层会走极端，过分顾全大局，凡事总往全局想，忘了自己的内心同样也需要得到关注与尊重。

身在中层的位置，偶尔是需要委曲求全的，也一定要记得有限度。如果一个中层管理者总是以"受气包"的形象出现，只会助长"歪心思"之人的嚣张气焰，着实委屈了好人，便宜了坏人。而且，如果中层在与同事的交往中太过退让，也会影响自己下属的斗志。所以，中层虽不能做"斗鸡"，时时刻刻的挑事儿，但也不能做"鸵鸟"，遇到危险就把头埋进沙子里。

·第四个原则：具有自省意识

在与同事的交往过程中，如果有些事情是你不能理解的，那么有可能是因为你被自己的情绪、性格所左右了。这时候，不妨站在一个旁观者的角度，去审视问题。不仅要站在旁观者的角度看对方，也要站在旁观者的角度看自己。认真地想一想：我当时究竟是出于什么想法，才说出了那句话？是一时的冲动，还是心里有一些被压抑许久的潜意识在指引我？

作为中层管理者，一定要有这种自省的意识，让自己"置身事外"，更好地理解局中人的心态和目的。正所谓，旁观者清。如果没有一个真正的旁观者指点迷津的话，我们不妨让自己去扮演这个旁观者。

以上，就是中层人际管理的四个真理。掌握了这四个真理，无论遇到什么样的人际障碍，都可以结合其中的内容去反思，找到相应的解决策略。

与上级沟通：到位但不越位

说起《三国演义》里的"杨修之死"，想必很多人都不陌生。

杨修在曹操麾下担任主簿，却经常自作聪明。公元219年，曹操出兵攻打汉中，被马超拒守，数战不捷，有撤退的想法，却又怕遭到蜀兵的耻笑，进退两难。夏侯惇入帐请令时，他随口定下以"鸡肋"为夜间行动口令。

杨修知道后，就让随行军士收拾行装，准备归程。他自以为是地解释说："鸡肋者，食之无肉，弃之有味。今进不能胜，退恐人笑，在此无益，不如早归，来日魏王必班师矣。故先收拾行装，免得临行慌乱。"他分析得头头是道，自认为聪明，不料却触怒了曹操，被曹操以"谣言惑众，扰乱军心"为由处死。

杨修死后，有人分析说，是曹操嫉贤妒能、心胸狭隘。反过来想想，杨修落到被处死的境地，难道不与他自作聪明有关吗？他越俎代庖，把"鸡肋"的口令理解为曹操即将撤兵的信号，还擅作主张命令军士收拾行装准备撤退，这俨然是越位了。

很多中层管理者在现实中也犯过和杨修类似的问题，认为自己在部门里有权威、有地位，权力欲开始膨胀，不与上级沟通就擅自做主，完全把上级架空了，这样的做法必然会导致上级的不满。作为中层管理者，一定要时刻记得，自己先是一个被管理者，而后才是管理者。

在工作方面，中层管理者需要与上级沟通的内容主要有三个方面：汇报、请示和建议。在这些方面想要实现高效沟通，赢得上级的赏识与认可，都需要掌握一些沟通技巧。

· **汇报——把结果带给上级**

公司领导要 S 汇报近一个月的工作状况，可 S 刚担任部门经理两个月，对部门的实际状况不是很了解，他支支吾吾地说了一些内容，可都不在"点"上。领导问到业绩情况，S 连忙打马虎眼："这个……我已经安排 ×× 去做统计了，不知道为什么她到现在还没有把报表给我。"领导什么也没说，径直走了，S 站在原地尴尬至极。

对上级来说，最令人焦心的就是无法掌握各项工作的进度，因为他们对企业的管理模式是"一对多"，很难实现"点对点"的模式。中层作为上级在基层的"代言人"，就要在这个时候凸显价值，主动向上级汇报工作。倘若等着上级催你去汇报，就说明你工作失职，也显得很没有上进心。可现实是，汇报工作这样一件司空见惯、理所应当的事，经常被中层管理者忽略。

试想一下：上级如何了解一个中层管理者的能力和表现？如何判定他是否在工作中尽职尽责？显然不可能每天追踪他，肯定是以他的业绩和工作汇报为依据。所以，作为中层来说，只有勤汇报，让上级知道你做了什么、正在做什么，他才能够评判你的价值。

具体该怎么汇报工作呢？是不是把业绩报表交给上级就行了？事实上，汇报工作也是一门学问。有关汇报工作涉及的注意事项，我们列举了以下一些要点，供中层管理者作为参考。

汇报时避免过多的主观色彩，要实事求是，不能弄虚作假欺骗上级。

只汇报和工作相关的内容，与上级的期待相对应。

汇报时不要强调过程，重点说结果，因为上级要的是结果。

避免凸显个人的功劳，要强调全员的努力。

汇报时要抓住重点，分清主次，不必面面俱到。

汇报完毕后主动寻求反馈，针对上级未听明白之处做进一步解释。

汇报问题时不做过多的解释，是自己的问题，就要主动承担责任。

关注上级的期望，针对下一步的工作提出建议。

上级有了解工作进程和结果的权力，而中层也有让上级知情的义务。一个出色的中层管理者，必然是一个善于汇报工作的人。在这个过程中，不仅能让上级了解工作进度，还能得到上级的指导和帮助，从而更快地成长。更重要的是，在汇报工作的过程中，能与上级建立更牢固的信任关系，展示自己的工作能力和水平。

· 请示——请上级做选择题

在实际工作中，中层管理者都会遇到一些必须请示上级才能最终做出决断的问题。然而，如何请示却是很考验中层管理者的沟通能力的。很多中层管理者在这个问题上把握不好度，不知道在什么样的时机请教最合适，更不晓得具体该如何请教。

刚上任的客户部经理T，过去一直追随老板做业务代表。现在虽然晋升成了中层，可在接到一项新任务时还是习惯性地直接问老板该怎么办。比如："赵总，对于下个月的季度考核，您还有什么要补充的吗？""有客户投诉，说咱们的产品是伪劣的，您看该怎么处理？"……老板很看重T勤恳踏实的工作态度，也知道他有出色的业务能力，可对于这个新中层事事请教自己的习惯，也感到很头疼。

毫无疑问，T所犯的毛病是请示工作中的硬伤，虽说遇到问题向上级请教是天经地义的，但请示问题不等于把问题直接抛给老板，让他给出解决方案。老板晋升你来担任中层管理者，不是让你来提问的，而是让你帮助他排忧解难的。

作为部门的管理者，你掌握的具体情况肯定比老板多，也更应该能够提出解决问题的方案。再者，你是向老板反馈问题，自己如果没有预先想好处理方案，只能说明你在工作上没有尽职尽责，站在老板的角度，他也会质疑你的工作能力。

怎样才算是帮老板排忧解难呢？答案就是，在你请示工作的时候，预备几种可选方案，让老板去做选择题。如果你的想法和方案总是胜人一筹，上级能够从你的方案中获得好的建议和灵感，并采纳你的意见，你就能够增加在上级心中的分量。

为什么要多准备几种方案呢？原因很简单，你仅仅向上级提出一种方案时，可能被接受，也可能被否定。万一被否定了，你很快就会陷入被动的境地。更何况，只有一种方案是很难做决策的，甚至会导致决策出现偏差。带着几个方案去请示上级，让他拍板，他会认为你工作很尽心尽责，而他也不用耗费太多的心力，只要在权衡之后选择最合适的即可。

任何一个老板或上级，都不喜欢只会阿谀奉承、讨好的下属，也不喜欢只会把问题丢给自己的下属。中层管理者自己也应该有类似的体会，当你的下属带着问题向你"讨要"解决方案时，你是什么感受？你是不是也希望，下属能带着几个备选的方案，让你进行评估和判断，选择最恰当的一个？要牢记心理学中的黄金法则：想让别人怎么对待你，你就怎样去对别人。

·建议——站在上级的立场思考

换位思考，是每一个中层管理者在跟上级沟通时必须掌握的技巧。如果不站在上级的立场去思考问题，就很难给出上级想要的东西，因为立场不同，态度和观点就很容易产生偏差。

E是某公司市场部主管。公司的整体势头很好，就想扩大生产规模，为此，上级特意找到E，先是夸赞了他的工作态度，后又跟他探讨扩大生产规模的话题。上级问E："你觉得公司该怎样扩大规模？对提高企业的生产效益，你有什么建议？"

E想了想，说："公司现在的情况不太适合扩大规模，虽然公司的产品在市场上卖得不错，但无法保证它的市场会一直这么乐观，我觉得公司目前的主要工作应该是维持稳定，而不是贸然前进。"

听完E的话，上级的脸色顿时阴沉了下来。在此之前，公司高层已经通过会议讨论的方式，批准了公司扩大规模的计划。上级按捺住情绪，继续问E："我知道维稳对公司的重要性，但目前公司为了发展需要扩大规模，我刚才问的问题，你有什么建议？"

E没有注意到上级的脸色，脱口就说："我认为时机很重要。您看，现在市场上由于急速扩张导致破产、倒闭的公司有不少，我还是觉得……"话还没说完，上级就打断了他："行了，你的想法我大概知道了，你先回去吧。"E这才意识到自己说错了话，可事已至此，已经没有挽回的余地了。

显然，作为中层来说，E在沟通能力方面有所欠缺。在跟上级探讨工作时，可以提出一些建议，但必须遵循一定的原则，其中最关键的一点就是：站在上级的立场去思考问题。上级找到E，是想让他提出扩大规模的建议和方案，而不是让他评论公司是否应该扩大规模。既然上级已经决定要这样做，自然希望得到中层管理者的支持，而E却给上级的满腔热情浇了一盆冷水。

有些中层管理者会不甘心，因为自己的建议明明很好，上级却不肯采纳。原因就在于，上级需要考虑的问题更多、视角更高，他是站在整个企业、整个行业的角度在思考问题，而中层则是站在自己所处的位置、从自己或部门的角度来提建议。想要解决这个问题，就必须拓宽自己的视野和格局，站在上级的立场去思考问题，再提出建议。

中层管理者不妨时常问问自己：如果我是上级，该怎么处理这件事？需要考虑哪些因素？这样做的目的不是要越俎代庖，而是要增强主人翁意识，把公司的事当成自己的事，急上级之所急。秉持这样的态度和立场，才能提出对上级切实有益的建议。

与同级沟通：贵在理解支持

对中层来说，哪一种关系在企业中最难处理？

不是上下级之间，而是同级之间。原因在于：大家都是同一战壕里的战友，并肩作战，地位上是平等的，不存在谁领导谁的关系，在沟通中不理会对方的反应，也是常有之事。不同部门有不同的利益，出于本部门利益的考虑，谁都认为自己部门的工作更重要，做到开诚布公和着眼于大局并不容易。另外，不同部门从事的工作也不一样，这也给沟通制造了障碍。

有些事很难，可依然要去做，同级沟通便是如此。中层管理者在处理同级关系时，要掌握一些原则和技巧，主要体现在以下几个方面。

·以诚相待，换取友善

任何一个中层管理者都希望和同级之间建立良好的人际关系，在融洽和睦的环境中开展工作。要达到这一目标，最重要的就是拿出真诚与善意，去换取他人的友好与真心实意，以真心换真心。

同级之间所处部门不同，但都是为同一目标工作的，不是完全对立的关系。所以，在同级取得成绩时，要真诚地祝贺，不要讥讽挖苦；在同级遇到挫折时，要主动给予关心，不要幸灾乐祸。以诚相待，与人为善，是中层管理者处理好同级关系的基础。

· **积极配合，互相补台**

这是一个讲究合作共赢的时代，那种"各人自扫门前雪，休管他人瓦上霜"的旧思维和旧做法，已经不符合时代要求了，在实际工作中也行不通。同级之间要正确把握集体利益和个人业绩之间的关系，要积极主动地配合，齐心协力地工作，更要有互相补台的意识。只有这样，才能获得最佳的整体效应。

· **彼此尊重，切忌越权**

每一位中层管理者都有其明确的分工和职权范围，彼此之间需要相互尊重，切忌擅自越权插手其他管理者职权范围内的工作，这会让对方产生一种被看不起、不被尊重的感觉，伤害到对方的自尊心。所以，在完成自己本职工作后，有能力和必要帮助同级工作时，一定得掌握好分寸，注意时机和方法。

· **学会自制，理性处事**

同级之间在交往过程中，经常会因为对某些事情的看法、意见、态度不一致而产生分歧，甚至出现争吵、发脾气。在这样的情况下，学会控制自己、提升自制力是很重要的。每个人的脾气秉性都不一样，如果针对某个问题交换意见时，不考虑对方的性格，也不能控制好自己的情绪，必然会闹得不可开交。不加控制肆意而为的最终结果就是两败俱伤。

碰到那些明知故犯的错误、不合理的要求、被人造谣中伤等问题，难免会令人愤怒，但越是在这样的时候，越应该保持理智：想想自己的激烈言辞和愤怒，会给对方带来什么影响？发怒是否能解决问题？发怒会导致什么后果？自己有哪些做得不当之处？如果能够想到这些，就能够让情绪冷静下来，减少争吵和对峙的情况发生。

· 加强修养，避免误解

身为中层管理者，一定要加强自身修养，学会理解人、尊重人、平等待人，用自身的修养、语言、气质等影响别人，使其理解自己、尊重自己，不可盛气凌人。在发生冲撞时，尽量克制自己，必要的忍耐和退让不是软弱，而是有教养、有气度的选择。在发生冲撞后，要妥善处理问题，心平气和地谈心，避免意见积存，久而久之成了解不开的成见。

尽管问题发生后及时处理是良策，但比这更重要的是防患于未然。同级之间要减少误解和冲突，就得在言语沟通时多加注意：讲话要慎重，特别是在严肃的事情上、正式的场合中，语言表达一定要周密；听对方讲话，要全面客观地理解，不能只抓细枝末节，曲解人意；经过反复传播的话往往最后意思就扭曲了，很容易引起误会，一次有话当面说，不要在背后议论。

· 摒弃偏见，根除嫉妒

同级之间思想沟通不到位，轻则容易产生误解，重则导致偏见。偏见是对人和事进行客观评价时所得出的不正确印象和结论，它比误解的危害更严重，在处理问题时很有可能会脱离实际，变成"对人不对事"。

处理同级关系，不但要秉持客观的态度，有容人不足的雅量，还要有容人长处的胸怀。同级身处在同一起跑线，潜存着竞争的因素，且个人能力、水平、气质、修养等方面都存在差异，因此要积极地向贤者看齐，虚心地向强者学习。切忌嫉贤妒能，采用不正常的手段去"挤"别人，非要弄得"我不行你也别行""我不好你也别好"。这样的话，既不利于自身的提高，也有损同级之间的关系，还可能会背上受人唾骂和为人所不齿的"小人"标签。

与下级沟通：给予足够尊重

地位会影响人的心理，有些中层管理者在从基层晋升到管理者的职位后，不由得产生了"居高临下"的感觉。比如，在下属汇报工作时，无论对方有没有说完，只要他觉得听懂了对方的意思，就直接打断下属的话，开始发表自己的观点，然后以某种指令来结束谈话。不得不说，这样会直接打击下属的士气，给人留下刚愎自用的印象。

时常会有中层管理者抱怨说，下属从来不把自己的话当回事，接受任务也是漫不经心，似乎根本就不想听自己讲话。从表面上看，这似乎是下属的问题，但如果中层管理者认真思考一下，就会发现一个事实：问题并不都出在下属身上，其中很大一部分原因是自己造成的。

作为一个管理者，请你扪心自问一下：对于下属的需求，你愿意倾听吗？你认真倾听了吗？对于下属工作中出现的问题，你认真理解和分析了吗？你的批评是否能让下属意识到问题并乐意接受？你是否愿意放下架子，腾出时间与下属谈谈心，互动交流？

如果这些你都没有做到，很遗憾，你和下级的沟通是不合格的。沟通不是简单的你说我听，而是一个信息交流、思想统一、增强认同感、提升凝聚力的过程。在与下级的沟通中想要取得良好的效果，中层管理者必须掌握一些技巧和方法。

·沟通≠传递命令，要保持双向互动

沟通不是一个人说一个人听，你既要讲话，也要听下属讲话，让大家都能开诚布公地说出自己的想法，这样才能真正地发现问题，找到现有问题产生的原因，为解决问题奠定基础。如果沟通过程中只有一方积极主动，另一方消极应对，沟通必然会失败。

当下属表达他的想法时，你要积极地倾听，听清、听懂并理解他的意思，这样才能给予准确的反馈。另外，在沟通过程中，不要摆出高高在上的姿态，双方的地位应该是平等的，中层要充分地尊重下属，无论是讲话的语气、语调还是肢体动作，都要体现出对下属的尊重。

每个人因自身定位、经历、环境的不同，对事情的看法也有差异，中层管理者不能只从自身角度出发去考虑问题，也要从下属的角度出发考虑问题，多了解下属的看法和建议，从其讲话或行动的动机出发去考虑，切实地理解对方。这样才能得出更符合实际的结论，沟通也才能更加顺利。

·赞扬讲究实效性，体现语言艺术

下属做出成绩，中层管理者不能视为理所当然，得不到及时的肯定，下属在情感和积极性上都会大受打击。反之，如果管理者不着边际地搬弄一番溢美之词，也会产生负面的效应。

某技术员在某技术难点上有了全新的突破，其部门主管是这样表扬他的："世上无难事，只要肯攀登。海阔凭鱼跃，天高任鸟飞。××的行动充分体现了新时代青年的拼搏意识和英雄主义精神。"显然，这样的赞扬之词，听起来"假大空"，完全没有起到应有的激励作用。

如果换一种方式来表达："我一直相信你能够突破这个难关，现在终于成功了，祝贺你。近期你一直都在忙，占用不少休息时间，真让我们过意不去。"简简单单的一番话，听起来很真实，既充满了对下属的信任，也激起了下属的自信，更传达了对下属的理解和关爱。

表扬要实在，不要假大空。就赞扬下属来说，中层管理者在表达时还需要注意以下几点：

——表扬要突出重点，并兼顾他人

对做出成绩的下属进行表扬，必然会让那些没有受到肯定和表扬的下属感觉不舒服，有些中层顾忌这一点，总是避免公开表扬个人。其实，这样做并不合理，容易让有突出贡献的下属心理失衡。

某车间工作小组业绩不错，每次在厂里都是名列前茅。不过，小组里有几个人工作表现很突出，而大部分的人工作成绩平平。车间主任很清楚这一点，但他为了照顾多数人的情绪总是在车间里这样说："大家工作得很好，继续保持和努力啊！"因为整个小组都得到了表扬，没有突出个人，严重打击了那几个业绩突出的工人的积极性，他们私下里念叨："拼命干活和混吃混喝有什么区别呀？你付出的那些，人家根本看不见！"

很明显，这就是车间主任的表扬没有突出重点导致的，如果他这样说："这个小组成绩不错啊！特别是××和××，效率非常高，单位小时件数达到了××件，在全厂都是数一数二的，你们要向他们学习，争取人人都是高效标兵。"既突出了重点，又不损伤其他人的自尊心，效果会更好。

——表扬要具体，最好结合事实

有些中层管理者在表扬下属时，会说这样一句话："××表现不错，大家要向他学习。"看似是肯定，细听却有问题，到底××好在什么地方，谁也不知道。所以，表扬下属要尽可能讲清楚原因，这样能够体现领导对下属的关心和表扬的诚意。比如："L上午处理那件事情的办法很妥当，特别有耐心地处理客户投诉，委婉地向客户解释原因，并及时采取了补救措施。"这样的肯定，远比说一句"L上午的表现很不错"要好得多，被表扬的人能够清晰地知道，领导是在肯定自己的哪一方面，而其他下属也可以从中学到今后遇到类似的情况该怎样处理，从而有一个借鉴和参考。

——表扬要及时，旧事重提效果差

很多人都喜欢玩"消消乐"游戏，玩家在游戏过程中取得好的成绩时，"消消乐"游戏会通过音效表扬玩家，从"good（好）"到"unbelievable（难以置信）"，带给玩家快乐体验，这就是即时反馈和正向强化。心理学上讲，要塑造一种新的行为并巩固下来，需要及时反馈和正向强化，"消消乐"就是通过这样的方式，增加玩家的黏性。

从效用上来讲，赞扬本身就是一种正向强化，而要让它发挥出最大效用，就得趁热打铁、及时表扬。一个人在做完一件事后，总希望尽快地了解它的价值和周围反应。如果能够及时得到肯定，会让他感到愉悦、有价值感，使这种积极的行为得到强化。如果等下属都已经淡忘了这件事时，领导再旧事重提进行表扬，效果就没那么好了。

· 批评要惩前毖后，让下属心悦诚服

任何员工都会在工作中出现错误，有些中层管理者在处理下属犯错的问题时，会毫不留情劈头盖脸地将对方狠骂一通。结果，不但伤了和气，也伤了感情，让下属对领导心怀不满，或是沮丧泄气。无论哪一种结果，对工作展开都是不利的。

一个出色的中层管理者，在批评下属时总是极力避免上述的情形，他们能够站在员工的角度去看待问题，有大度的胸怀和缜密的思维，然后不伤感情地指出下属的问题，让其感受到应有的尊重，从而心悦诚服地进行改正。

施瓦伯曾任美国钢铁公司总经理，有一次到公司旗下的一家钢厂视察，碰巧看到几个工人在吸烟，而他们头顶的公告牌上明文写着：禁止吸烟。按照一般人的思维模式，完全可以指着公告牌当场训斥工人："这里不允许吸烟，你没看到吗？"

可是，施瓦伯没有这样做，他走到这些工人面前，分给每个人一支雪茄，说:"嗨,弟兄们,如果你们能到外边去吸雪茄,我会更高兴。"那些工人知道自己犯了错误,内心感到非常愧疚,但他们更加钦佩施瓦伯的气度,因为他不但没有责备他们,还给他们每人一支雪茄。

施瓦伯的高明之处就在于,他知道当场抓住了工人的错误,对方心里也会紧张和自责,这个时候痛斥他们,会让工人很没面子。所以,他选择委婉地指出工人的错误,减轻对方的压力,让对方体面而心悦诚服地接受批评。

否定和批评只是手段,真正的目的在于根除工作中的错误,让下属走上正确的道路。要达到批评的目的,就要讲究批评的艺术,避免消极的、简单化的倾向,以下几个细节是需要中层管理者特别注意的。

——实事求是,忌捕风捉影

批判的前提是,下属确实有错误存在,如果对方没有犯错,你还没有完全弄清情况就上去批评人家,会给下属一种错觉,认为你是在针对他。因此,切忌疑神疑鬼、捕风捉影,一定要实事求是。

——就事论事,忌攻击个人

批评要对事,不能针对人,更不能以审判官自居,甚至恶语相加。否则的话,会损伤下属的自尊心,无法真正地解决问题。

——事先预警,忌突然袭击

批评前要先打招呼,让下属有心理准备,提前进行心理调整,避免引起大的情感起伏,以致影响工作。更何况,做错事的人本身会有自责和恐慌的心理,如果乘人不备突然袭击,会让人羞愧不安,从此一蹶不振,完全否定自我,不利下属身心健康。

——注意场合,忌不管不顾

批评要分场合,通常的批评在小范围内进行,能够创造亲近的语言环境。如果是必须在公开场合批评,要特别注意措辞,不宜大兴问罪之师。

——言语有度，忌无休无止

批评要有度，少说能解决问题的就不要多说；一次批评能奏效的，就不要再增加次数。无休无止地批评，未必能纠正问题，更可能令人生厌。若是严肃的批判，一定要有准确的内容、合理的程序和必要的时间限制，不要试图通过一次批评改变所有的问题。

总而言之，中层管理者要明白，领导与下属在人格上是平等的。无论处理什么样的工作，都不要在下级面前摆架子。你越尊重下属，越懂得换位思考，你在他们心中就越有威信，工作就越好开展。多赞扬少批评，赞扬要具体，批评要有度，以情感人的沟通，换来的是不断增进的威望。

搞定老员工的"三板斧"

新中层初上任,面临的第一个"大魔王",不是自己的新领导,而是手下的老员工。

老员工在单位中资历深、人脉广、底子厚,用得好就是得力的干将,用得不好就是巨大的障碍。通常情况下,老员工对于新中层往往不会特别"友好",主要原因有两点:

第一,老员工也渴望"上进",在某个职位空缺的时候,他们也会想:"我在单位这么多年了,没有功劳也有苦劳,这一次怎么着也该轮到我了吧!"结果呢?事与愿违,你横空出世,成了新的领导,他们心中自然会有落差,因而产生了暂时的"敌对"情绪。

第二,有些老员工在单位工作的时间长了,已经变成了人们说的"老油条"。"老油条"一词带有贬义,通常有"不服管教""倚老卖老"的意思。对新中层来讲,"老油条"显然是不太容易管理的。

当老员工对新中层有抵触情绪时,他们可能会仗着自己的年龄和资历,对新中层爱理不理、阳奉阴违,甚至个别人会更加恶劣,鼓动身边的人一起对抗新中层;还有些老员工眼里只有大老板,轻视其他领导,或是习惯于单打独斗无视团队合作,或是自由散漫不遵守考勤纪律……如此种种,都会给新中层造成很大的压力。

总之,老员工肯定会有一些小毛病,否则的话,凭他们的资历早就应该到更高的岗位上去了。所以,新中层上任后,不能小觑老员工的管理难度,不要天真地认为"老员工也是普通人，管理他们和管理其他人没什么分别"。若真如此，很可能会摔大跟头。

管理老员工有几条基本的原则，第一条原则就是千万不要一上来就使用辞退的手段。

王昊当上部门经理之后，就遭遇到了部门里老员工的"阻击"。他布置的任务，这位老员工总是打折执行，当王昊询问：为什么任务没能保质保量完成？老员工撂下一句话："您刚来，不明白具体情况，把问题想得太简单了。"

王昊数次组织全体会议，要求大家必须参加。可是，这位老员工总是请假，理由无外乎："我正好要去见一个重要客户，不能参加了。"

王昊实在忍不住，说了一句："你以后能不能不要在开会的时候约见客户？"

老员工说道："我当然没问题，可是客户的时间我做不了主，人家说要什么时候见面，我也不好拒绝。毕竟，这些客户都是咱们公司的老客户了，他们和公司合作的时候，您还没来呢！"

王昊知道，老员工这么说的言下之意是："你的资历太浅，和我们这些老人没法比。"

为了和老员工打好关系，王昊曾经多次主动私下与对方接触，为的是拉近双方的关系。可是，老员工饭也吃了、酒也喝了，依旧是我行我素，根本不把王昊放在眼里。这也难怪，在王昊担任部门经理之前，单位里曾经传出过风声，说这个位置原本要给这位老员工。后来，领导考虑到这位老员工的工作能力和人品，认为他难以胜任，最终选择由王昊担任这一职务。为此，老员工心里有气，故意和王昊对着干。

王昊实在是忍无可忍了，再任由老员工这么闹下去，自己在部门中的威信就会荡然无存，以后的工作可怎么展开啊！于是，他决定干脆一不做二不休，直接将这位老员工辞退。

然而，当王昊把自己的想法向上级领导汇报之后，上级领导却断然否决了他的提议。王昊想不明白：为什么这样一个员工，领导还要护着他？难道说，这里面有什么隐情？

其实，是王昊想多了，没有什么隐情，老员工也只是一个普通员工。

上级之所以不愿意辞退老员工，一来是这样的员工跟随公司多年，贸然辞退的话，可能会影响其他员工对公司的评价，他们会想："连元老级的员工都能随时被辞退，那我们岂不是更没有保障了？"这样一来，很容易"动摇军心"。二来，元老级的员工之所以能在企业中"生存"这么久，一定是有他的价值和长项的。中层领导可能短期内还没有了解到他们的真正作用，故而才会做出草率的决定。

作为新中层，刚刚上位后，即便是遇到了一些来自老员工的麻烦，也不要很简单地认为："这有什么呢？开除他就是了！"更不要简单地认为，开除老员工可以"杀鸡儆猴"，以儆效尤，这都是非常冲动和幼稚的想法。

那么，新中层该如何"搞定"职场"老油条"呢？这里有几条建议：

·扬长避短

老员工在单位生存了这么久，一定有他的生存之道，你需要让他走在自己熟悉的那条"道"上。千万不要把老员工当成砖，哪里需要哪里搬，这块砖搬起来可能会砸自己的脚，一定要把他们放在一个合适的位置上。

·多向老员工请教

有些老员工之所以看起来难以相处，是因为他们觉得，你没有给予他们足够的重视，不了解他们的能力。那么，中层领导怎样才能显示出对他们的重视和了解呢？

最简单的办法就是向他们请教一些问题。实际上，这些老员工往往也有一些过人之处，向他们请教问题肯定会有收获。另外，这样的做法也是表明中层的态度，让他们觉得自己是受尊重、受重视的。

·抓住痛点戳一下

不乏有些老员工"油盐不进"，不想着怎么把工作干好，整天盘算着在办公室里"搞政治""谋利益""拉团伙"……对于这样的老员工，一定要找到他们的痛点，一击必中，才能够"制服"他们。老员工在单位里待得时间长了，有功，自然也有过，抓住他们以往的漏洞，就相当于抓住了他们的痛点。在痛点上猛戳一下，对他们也是一种警醒与震慑。

抓准这三点，结合正确的管理手段，消灭"老油条"的萌芽条件，生存土壤没有了，人自然就不容易变"油"了。

与"德高望重者"的相处之道

不是所有的老员工都是"刺头""老油条",还有很多老员工非常值得敬重,他们有极强的团队精神和奉献精神。或许,他们不适合做管理者,但绝对是业务上的骨干、员工的精神标杆。

这些老员工如同部队中的高级士官,他们的"军衔"可能不高,但在自己的工作岗位上却有着不可替代的重要作用。据说,部队中的一级军士长虽然也属于"普通士兵",却备受尊敬,就连高级军官见了他们也非常客气。

一级军士长之所以受尊重,一是因为他们在军队的服役时间长,很多一级军士长的服役时间超过了三十年,可能师长或军长都不如他们入伍的时间长。二是因为这些老兵往往掌握着其他人不具备的特殊才能,做出过杰出的贡献,是团队中不可或缺的人物。

其实,在企业和团队里也存在着这样的人物,他们资历老、业务优、人品好,虽然身在基层的职位,但企业上下都非常尊重他们。

在国际知名的佳士得拍卖行,有一位叫吉尔的员工。

吉尔出生于纽约布鲁克林黑人区,家庭贫困,没有上过学。成年之后,他想要找到一份好工作,却屡屡受阻。有一天,吉尔得知佳士得拍卖行在招门童,也就是"看门人"。吉尔想,或许自己可以胜任这份工作。于是,他去参加了面试,并在众多应聘者中脱颖而出,成为世界最著名拍卖公司的门童。

在很多人眼中，门童是一份没有技术含量的工作，不需要动脑筋。但吉尔却不这样认为，自从开始工作后，他就一直在思考：如何才能把这份工作做到尽善尽美？他发现，每一位进出公司大门的人物都有着较高的身份地位，只有令他们感到倍受尊重，有宾至如归的感觉，他们才愿意常常光顾。

为此，吉尔把报纸上的那些名人照片、名字和介绍都剪下来，贴在家中的墙上。经过反复地记忆，他几乎能够认得出每一位来到拍卖行的客人，哪怕客人是第一次来。

每个客人一来到拍卖行的门口，吉尔总是迅速地迎接上去，笑呵呵地打开门，说："啊，您好，肯尼迪夫人""安迪·沃霍尔先生，我们一直在等您哦！"

吉尔的努力得到了佳士得公司的认可，公司对他信任有加，上级领导甚至把艺术品宝库的钥匙都交给了他。

有一次，佳士得拍卖行准备在伦敦举办一次重大活动，他们需要一位能够认识所有重要客户和名人的接待者。符合这个标准的员工在佳士得拍卖行只有一位，就是吉尔。于是，公司总裁邀请吉尔和太太一同前往伦敦。

吉尔之前从来没有离开过纽约，这一次，他乘坐着飞机来到了伦敦。机场里停着一辆加长林肯——这辆豪车是为佳士得拍卖行为自己最好的员工吉尔准备的。乘坐着豪车来到了伦敦拍卖行的门口，虽然吉尔在这里依然是一位门童，但他感到了无上的荣耀。怀着对公司的感恩之情、对工作的赤诚之心，吉尔圆满地完成了任务。

35年时间过去了，吉尔要退休了。公司为了表彰他在自己工作岗位上的认真和严谨，为他筹备了盛大的退休酒会，并宣布他将以公司副总裁的身份和待遇退休。

事实上，在我们的企业中，就很可能存在着像吉尔一样的员工。

和这样的员工相处，最重要的是给予他们足够的尊重，并让团队中的所有成员都能体会到"工作没有高低贵贱，只是各有分工不同"的真谛，从而激发出团队的凝聚力和执行力。同时，让这些愿意默默付出而不计较职位高低的老员工，在团队中拥有比较高的地位和相应的报酬，也会让所有员工都能对自己当前的工作充满希望和敬畏。

如果不能与德高望重的老员工融洽相处，可能会带来很大的负面影响。由于这些老员工在团队甚至是单位里都有着较强的话语权，他们的存在可能会在某些时候"削弱"中层领导的权威性。有些中层急于掌控团队、树立权威，因而与这些老员工产生了一些不睦，结果是很容易造成团队的"分化"。

为了避免这种现象的发生，新中层要确立"三个意识"：

·第一个意识：目标意识

新中层要明白自己的目标是什么，更要让下属明白团队的目标是什么。只有把个人目标和团队目标合二为一，才能赢得所有人包括那些老员工的认可。只要大家的目标是一致的，就算是有分歧甚至是小的冲突，也能够"就事论事"地讨论问题、处理问题。

·第二个意识：沟通意识

很多时候，中层管理者与老员工之所以产生间隙，是因为沟通不足。大部分人都更愿意与自己的同龄人沟通，总觉得年岁差得稍大一些，就会存在代沟，这是人的常规思维。但是，作为一个团队的领导，你不能因为个人的"喜好"而差别对待，更不能忽视与老员工的沟通。相反，你应该更加积极、主动地与他们沟通，因为这些老员工大都不会主动袒露心声，你要主动打开话匣子，与他们交心。

·第三个意识：授权意识

很多新中层上任之后把自己手中的权力抓得过紧，凡事都要过问，事必躬亲。而那些德高望重的老员工，自尊心一般都很强，在专业领域内有他们自己的信心。如果中层把他们管得太死，干预得太多，势必引起他们的不满。所以，新中层要有授权意识，特别是对于那些德高望重的老员工，充分信任他们，大胆授权，反而更能激发其工作的积极性。

沟通中的"五要"与"六不要"

中层管理者的职位有其特殊性，要直接处理的具体事情多，要面向的沟通对象有上级、同级和下级，时刻都在考验着中层管理者协调问题的能力。

跟上级沟通好，才能得到上级的理解、支持和关心，从而为所带领的团队完成目标、争先创优奠定基础；跟同级沟通好，才能取得相关部门的支持协助，避免因分歧和阻碍影响执行力；跟下级沟通好，才能让下属们心情舒畅、状态良好、步调一致，实现1+1＞2的结果。

一旦做不好沟通工作，中层管理者就要受"夹板气"：上级批评你办事不力，同级指责你拖后腿，下级埋怨你领导无方，委屈无处可诉，只能自己默默忍受。对上级、同级和下级在沟通方面有不同的侧重点和技巧，我们在后面的章节中会谈到，这里想强调的是中层管理者在沟通方面务必遵循的一些原则、技巧和禁忌。

· 沟通中切记的"五要"

所谓沟通，就是借助语言把思想、感情、信息、知识等传递给其他人。中层管理者作为一个信息中转站，要想达到传递者所希望的结果，就得在传递信息的过程中遵循一些基本的原则和技巧，以免造成误解和偏差。

1. 主题要明确

主题是语言表达的中心意思，无论是开会、演讲、谈话还是下达任务，都要有明确的主题。没有主题的话，交流不能深入，听者只能感受到一堆支离破碎的语言刺激，无法实现有效沟通的效果。在一些非正式的场合，思想可以放开一些，形式也可以活泼一些，这样有助于缩短沟通双方的距离，打开彼此的心扉，但还是要围绕主题去交谈。

2. 语言要准确

语言准确指的是，遣词造句不能模棱两可、似是而非，不能使用晦涩的、模糊的语言，或是不恰当的比喻、不准确的概念等。如果语不得体、词不达意，会影响听者对信息的理解；如果故弄玄虚、哗众取宠，又会让人觉得做作、不够真诚。

亚里士多德说过："语言的准确性，是优良的风格的基础。"在语言使用上，要真诚、平易，让人感到亲切自然；同时，还要把握好"繁"与"简"的关系："简"是少而直，让接受者易于明白；"繁"是多而曲，对接受者不懂的地方，多方设喻，利于对方理解。

3. 表达要生动

有趣有料的生动表达，总能给人留下深刻的印象。所以，在沟通时要掌握一些技巧，如在说明问题时，巧妙地编织一些生动的形象，有助于理解和打动人；在气氛紧张、有隔阂的处境下，可以用幽默的语言来化解。这些都是中层管理者要掌握的沟通技能。

4. 交流要平行

调查研究发现，来自领导层的信息只有 20% ～ 25% 被下级知道并正确理解，而从下到上反馈的信息被知道并正确理解的不超过 10%，平行交流的效率则高很多，能够达到 90% 以上。为什么平行交流的效率如此之高呢？原因在于，平行交流是一种以平等为基础的交流，打破了等级壁垒，让人在轻松的沟通氛围中开诚布公、畅所欲言，表达出自己真实的想法。营造平行交流的氛围，有助于征求各个方面的意见，求同存异、择优去劣，达成共识。

5. 形式要灵活

沟通在形式上要灵动一点，因地制宜。沟通的最终目的，是为了实现企业生产经营的目标，不必非得拘泥于某种固定的沟通模式，具体是采用正式沟通还是非正式沟通、会上沟通还是会下沟通、集体沟通还是个别沟通、直接沟通还是间接沟通，可根据沟通的对象、内容、地点、环境和时机灵活选择。

·沟通中切记的"六不要"

通常情况下，职位越高的人，越容易不自觉地触犯一些沟通禁忌。中层管理者也需反省一下，避免在沟通中采取了不合适的态度和方法，影响了与各个环节的配合。

1. 不要抱有预设的立场

在很多问题上，一些中层管理者的看法确实比多数下属更全面、更长远，故而就不自觉地犯了这样的错误：嘴上说要跟下属沟通，心里却只想让下属赶紧听命行事。这样的中层管理者其实是抱着预设的立场，在已有定见的状态下沟通。碍于上下级关系，下属必须要听从领导的安排，但这样的沟通方式却难以让下属心甘情愿地合作；与此同时，中层管理者也很难真正地理解下属的想法。在这样的情形下，沟通就成了走形式，时间久了，下属就不愿意表达自己的真实想法了，因为说了也没用，干脆就选择虚与委蛇。

2. 不要用不良的口头禅

"你不懂……""没有人比我更清楚……""这是你的问题……""废话少说……""太笨了……"这样的口头禅，无论是同级还是下级，任谁听了都觉得刺耳。

3. 不要用威胁的语句

威胁的语句肯定会招来反感，有了抵触的情绪，沟通就会受阻。最常见的威胁口吻包括"你最好……不然……""我给你两个选择……""如果你不能……就别怪我……"。试想一下：如果是上级或同事对你说这样的话，你会乐意按照他的要求和意愿行事吗？己所不欲，勿施于人。

4. 不要忽略沟通的场所

沟通需要一个不受干扰的环境，这样才能专心表达信息，听者也能够静下来领会谈话的要领。如果谈话不时地被打断，很容易让人产生负面情绪，降低沟通的质量和效果。

5. 不要说太多专业术语

沟通是为了让听者清楚地了解自己传达的意思，有些专业术语虽然可以正确表达一个定义完整的概念，但前提是听者必须也明确知道专业术语的含义。如果听者并不明白这些高深的专业术语，你使用这些专业术语传递给对方的信息就是不完整的，难以让人充分了解。

6. 不要只听自己想听的

只听那些跟自己立场一致的话，无意识地忽略对方的一些其他意见，就等于没有完全掌握对方全部的信息，很容易断章取义，产生分歧和偏差。对于那些不同的意见，以及自己确认不了的信息，千万不能不懂装懂，要及时反馈，这样的沟通才能避免误会。

上述的沟通要点和禁忌，每个人都可能会不时地触犯。作为中层管理者，要把这些内容记在心里，时刻提醒自己；沟通完毕后，也要进行反省：刚才的沟通有没有触犯禁忌，彼此间的信息互动是否顺畅、明晰？如发现不妥，要及时更正，减少不良后果。

第四章

中层胜任力坎——以上率下,打铁还需自身硬

要事为先，忙而不乱才是中层本色

管理者必然是忙碌的，中层管理者尤其如此。

中层最大的价值就是"被需要"，也正因为"被需要"，所以一定有各种大小事务等着你来处理。中层的忙与高层的忙有所不同，主要的区别在于，中层的工作流于琐碎，就是通常所说的碎片化。

一个大型企业的中层管理者，每天要处理多少大事小情呢？有关研究的结果出人意料：一个大型企业的中层管理者一天要处理上百件事情。

此外，还有一个更加具体的数据：一个中层管理者，从每天早上来到办公室到晚上离开的时间里，平均要收到 36 封邮件，接 5 个电话以及开 2 次会议。这么多的会议、电话，再加上处理邮件，每天的时间便被分割成了一个一个的小块。

这，就是所谓的管理碎片化。

一个操作机器的工人，他每天的工作量再大，看起来也没有那么忙，为什么？因为他只要把手头的活儿进行不断的重复，终究是可以完成任务的。可是，一个中层管理者，他的工作不是重复性、机械化的工作，而是一个又一个需要创造性的大、小任务集合成的综合性工作。所以，中层看起来格外得忙。更可怕的问题在于，如果中层忙得不得法，东一榔头西一棒子，每一件事情都不能善始善终，留下无数的"小尾巴"，他就会陷入"瞎忙"的怪圈中，最终导致管理工作的全面崩溃。

很多管理学的著作里，都不约而同地提到了一个中层管理者的工作原则——要事第一！

明茨伯格说："管理者的一个难题在于，当重要活动跟琐碎小事掺杂在一起的时候，管理者必须能在大小事务中迅速而频繁地转换心态。"作为一位中层，一定要能在千头万绪的工作中，找到最重要的那件事情，然后在处理琐碎小事的同时，保证最重要的任务完成。

那么，怎样才能让中层在大小事务中迅速转化心态，不耽误要事呢？

·采用"主题日工作法"

所谓"主题日工作法"，就是在每一天的工作开始之前，都根据今天最重要的事务，给这一天定一个"主题"。通常来说，中层管理者需要用到以下几种"主题"：

"赶工日"：一般在出差或极度忙碌之后，管理者需要拿出一天时间，去完成之前几天积压的一些小事情，如回邮件、约见员工、整理文件等。

"危机日"：在每个重要任务进入关键性的攻坚阶段时，中层要尽量回避一切与主线任务关系不大的活动，将精力集中在当下的任务上，且随时准备处理任何可能出现的危机。

"计划排满日"：这一天，中层管理者所有的时间都被排满，可谓最忙碌的一天，但同时也是最容易被突发危机"打倒"的一天。所以，计划排满日最好放在危机日的后一天。

"空闲日"：中层管理者虽然很忙，但也要给自己留出一定的空闲时间。当然，空闲时间并不意味着什么都不做，而是说这一天没有任何明确的计划，就是要放空自己，组织头脑风暴会议，多务虚少务实。抽出这样一天时间的原因很简单，如果中层管理者每天都在为具体的事情忙碌，久而久之，会丧失想象力、创造力。设立空闲日的目的，就是为了放松精神，放飞思想。

通过"主题日工作法"，中层管理者可以明确，一天内最重要的事情是什么，然后，在不知不觉中达到"要事第一"的目标。

· **实施目标管理**

尽管"主题日工作法"能够让中层"忙得有价值"，但无论如何，这只是一种"方法论"，中层若想真正摆脱"瞎忙"，除了要倚仗"方法论"之外，还需要重建自己的"世界观"。

在某个寺庙里，住着一位老禅师和一群小和尚。其中有一个小和尚，非常勤奋，不是在化缘，就是在后厨做饭洗菜，要么就是苦读经书，从早到晚忙个不停。

老和尚看见小徒弟这么努力，非常欣慰。但是小徒弟自己知道，虽然每天都在忙，成效却很有限。终于有一天，小徒弟找到老和尚，问："师父，我每天都很累，做很多事情，但却始终没有进步，为什么呢？"

老和尚沉思了片刻，说："你把平常化缘的钵拿过来。"

小徒弟拿来了一个钵，老禅师说："好，现在你找一些核桃来，把它装满。"

小徒弟照做了。

老和尚问："现在这个钵满了吗？"

小徒弟说："满了。"

老和尚说："你再捧些大米过来，装进去。"

小徒弟把大米装到了钵里，大米没有撒出去，顺着核桃之间的缝隙流了下去。

老和尚问："满了吗？"

小和尚说："这回一定是满了。"

老和尚说："那你再拿些盐来，用水融化了，装进去。"

那些盐水又顺着大米之间的缝隙流了下去。

小徒弟似乎明白了什么，说："我知道了，您的意思是说，时间和空间一样，挤一挤总是会有的。"

老和尚却摇摇头，说："不对，我现在想让你做另外一件事情。刚才你是先放核桃再放米，最后放盐水，现在你把顺序倒过来。"

小徒弟按照老和尚说的去做，先倒进去盐水，然后再放大米，最后放核桃的时候发现，核桃根本放不下了。

老和尚对小徒弟说："我是想告诉你，做事情的顺序很重要，同样的事情，用不同的顺序去做，花费的时间大不相同。"

小徒弟这次才彻底明白了。

这个故事应该会给中层带来一些启发。如果说，你整日奔波，异常忙碌，那么，你很有必要想一想：我的终极目标是什么？这个终极目标，就是那个最大的核桃，是你应该最先考虑的"要事"。从这个角度上来说，"要事第一"管理法则的本质，其实是目标管理。

美国"现代管理学之父"彼得·德鲁克在1954年出版的《管理实践》一书中，率先提出了目标管理的概念，这是一种以目标为导向，以个人为中心，以成果为标准，使组织和个人取得最佳业绩的现代管理方法。

中层管理者首先要明白目标管理的终极对象是谁。无论是组织，企业还是个人，最终目标管理的落脚点还是要落在人身上。然而，想要管好人，最先要做的事情，就是搞明白自己的动机和需求，同时也要明晰被管理者的动机和需求。

很多中层管理者每天忙着管人，却始终不能取得良好的效果，为什么？就是因为他们没有搞明白管理者和被管理者的动机与需求。如果一个中层自己的管理动机不明确，很容易做出一些让人感到匪夷所思的事情来。

曾经有这么一位中层领导，下班之后离开了办公室。等他走到车库的时候，发现车钥匙忘拿了。于是，他又折回办公室取钥匙。

回到办公室之后，他发现其他部门的人都在加班，只有自己部门的人走得一干二净。这位中层感到非常生气，第二天就给自己的员工开会，还在会上定了一个规矩——每天下班后，所有人都要加班一个小时。

这就是典型的管理动机不明确。作为管理者，你的需求和动机应该围绕任务产生，而这位管理者，为了自己所谓的面子或者说部门的"形象"，做出了一个愚蠢的决策。可以预见的是，他这样做的效果并不会太好，反倒可能激起员工的逆反情绪，增加管理的难度，让自己变得越来越忙。

前面说过，中层不仅要了解自己的动机和需求，还要了解员工的动机和需求。每个员工都有自己的诉求，他们工作不都是为了给你完成任务，且不同层次的员工也有不同的诉求。

很多创业型的企业，员工的工资并不高，为了提升员工的工作热情，他们不断地强调所谓的"实现个人价值""培养企业文化"之类的"价值观"。可是，员工们当下的诉求是，怎么解决收入的问题，你说那么多"缥缈"的东西，真的能起到作用吗？

相反，许多盈利非常好的企业，员工收入普遍超过同行的水平，但管理者还在一味地强调"金钱至上"的观念。不管员工有什么样的意见，都觉得可以靠钱来"摆平"。结果，企业中留下的尽是一些见利忘义之辈，这样的企业怎么可能有所突破呢？所以，在现实中我们经常会看到，一些利润非常高的企业，由于内部管理不善而人心涣散，最终开始走下坡路。这也充分证明，金钱管理并不是万能的。

马斯洛的需要层次理论将人的需求分为五级——生存需求、安全需求、爱与安全感的需求、尊重需求、自我实现的需求。他认为，只有满足了最基层的需求，人们才可能去实现更高的需求。但如果已经满足了基本需求，却不思进取、流连其中，那么一个人的层次就不可能有所提升。

作为中层管理者，真的有必要想一想：自己的员工正处在哪个需求层次？该通过什么样的办法来满足当前的需求？如果已经满足了当前需求，又该如何激励他们实现更高的需求？

曾有人说，一个合格的管理者，首先应该是一个好的"心理学家"，对人的心理有所洞察。你要培养这样的心理洞察能力，敏锐地察觉下属的真实需求，然后对症下药去激发员工的斗志。唯有如此，下属才会觉得，跟着你一起做事情有满足感、有成就感，继而更有激情和动力。

决策力就是致胜力

著名管理与决策大师西蒙说："决策是管理的心脏。"

决策关系着组织发展的成败，也关系到组织的生死存亡。决策如此重要，领导者的决策能力就更不容忽视了，毕竟决策是人做的。曾有人做过一项统计分析：企业增加一个普通劳动力，可以取得1∶1.5的经济效果；增加一个技术人员，可以取得1∶2.5的经济效果；增加一个高层决策者，可以取得1∶6的经济效果。

那么，到底什么是决策呢？

决策是一门科学，是人类社会确定方针、策略的活动，它有意识地指导着人们的行动走向未来预定的目标。就决策的内涵来讲，主要包括以下几方面：

决策是为解决某一问题做出的决定。领导者要实事求是地进行调查研究，发现问题。

决策是为达到确定的目标。领导者要对全局有掌控，准确地预测组织未来的发展。

决策是为了正确行动。领导者要有坚强的意志、毅力和耐心贯彻自己的决策。

决策是从多种方案中做出的选择。领导者要有敏锐的洞察力。

决策是面向未来的。领导者要随时准备应对决策中的不确定性事件和新问题。

综合来看，决策就是判断，在各种可行方案之间进行选择，这些方案很难说清楚哪个更正确。就如经济学家周其仁所言，决策的本质特征是主观选择，是在信息不完全的情况下，在未来的几种可能性中做出一种选择。在决策过程中，可以减少主观性，但最后，决策依然是主观的。所以，一个中层管理者能否对各种方案进行科学比较，能否在不同意见中选择最好的意见，就成了决策的关键点。

很多中层管理者不禁会问：决策力如何获得？

决策需要有决断力，但决断力不是凭空来的，需要有一定的能力作为支撑，才能够提升决策的正确率。结合国内外众多决策者和学者的特点，我们总结出，领导者想要提升决策力，需在以下几种能力上下功夫。

·全局掌控能力

有时组织在某个地方暴露出问题，但问题的原因和解决方法可能并不在此。如果领导者没有全局性的眼光，就可能会做出不恰当的决策。我们经常会谈到"高瞻远瞩"和"明察秋毫"，强调的就是站得高、看得远，掌控全局。

有些中层管理者终日埋头在繁杂的事务中，瞬息万变的市场让他们忙于奔波，没有时间思考，可能在决策时就不够冷静客观，不能看到决策的根本初衷。为了避免决策失误，此时需要做的是，静下心来体会、反思、规划，理出清晰的思路，在照顾到细节的同时兼顾整体，才能一统全局，减少"头痛医头、脚痛医脚"的做法。

·历史洞察能力

在组织决策中，时间问题经常被中层管理者忽略。从时间上划分，组织的目标有短期目标和长期目标，所有的问题也包括短期问题和长期问题。在做决策时，这两者一定都要兼顾到，切不可偏颇。

有些举措和办法，当前看是不错的，但将来未必对组织有益。领导必须站在历史的高度去思考问题，才能正确地决策，有效地利用时机，抓住机会让组织以合适的速度健康地发展。

·多维思考能力

市场环境总在不断地变化，无论是企业的高层领导还是中层管理者，在企业中的角色定位也会随之发生改变。过去，领导者最重要的能力是管理能力，而今最重要的是预见能力，也就是有前瞻性，能够在预见明天、实施今天和准备变革之间找到平衡。

这种角色的变化，对领导者的思考能力是一个巨大的挑战。可以说，如何思考、思考哪些内容，是每一个领导者都必修的艰难课题。领导者不能一味地秉持线性思维，而要学会多维思考，养成从多个角度分析、思考问题的习惯，在分析关键因素的同时，还要考虑到其他相关因素。只有做到多维思考，兼顾结果和过程，才能适应环境，不断成长。

·抽象思维能力

曾有一位世界知名企业创始人说过这样一番话："管企业就像看书一样，先要把书看薄，从企业管理的日常经验中总结出规律性的东西来，指导企业的管理。"

其实，这番话强调的就是抽象思维能力，即从管理的实践经验中，总结出对经营管理富有指导意义的哲理层面的东西，继而对管理进行积累，逐步建立适合本企业、本部门实际的规范化管理思想体系和制度体系。联想的柳传志曾提出管理三要素——建班子、定战略、带队伍，体现的就是领导者的这种抽象思维能力。这种三要素不是凭空而来的，而是领导者从企业的实践经验中总结出来的，形象生动、简单易懂。

抽象化思维能力的作用，在于解决管理中"为什么"的问题，解决了

"为什么"的问题，才能准确定位组织的发展方向，让领导者在管理上避免犯方向性的大错。

· 具体创新能力

所谓具体创新能力，就是要把从书本上、别人的经验教训中学到的东西消化，继而转化成具有可操作性的东西。比如，我们经常会学习到一些大型国际企业的成功管理经验，这些管理理念的确很好，但如何借鉴呢？这就需要中层管理者对这些理论和经验进行深入思考，将其与工作中的具体问题相结合，形成具有自身特色、符合企业实际的管理理念和方法。

总而言之，中层管理者要学会站在高远的角度去看问题，这样才能提升全局掌控能力和历史洞察能力。与此同时，在学习管理知识和经验的同时，勤思考，把学习来的东西和实际工作结合起来，切实解决组织的"为什么"的问题。只有这样，才能快速地提升自己，从而增强决策能力。

中层决策常见五大误区

看过电影《蝴蝶效应》的朋友，想必都曾有这样的感慨：只改变一个很小的决策，最后的结局却会大相径庭。决策的威力，无须赘述。

生活也好，管理也罢，都是由一个个决策构成的，与电影不同的是，一旦我们做出了某种决策，并将其付诸行动，就不可能像电影一样返回去重来，而是要承担决策带来的一系列后果。

鉴于此，中层管理者在做决策时一定要慎重，切忌盲目。做决策之前，一定要多了解、多思考。尽管没有人能够保证自己所做的每一个决策都是完美的，但身为企业的中层管理者，肩负着重大的责任，起码要避开一些决策的误区。

·误区1：未充分了解情况就做决策

很多时候，如果我们对某个事物缺乏全面的、系统的了解，只看到某一个或几个方面，得出的结论往往都会有失偏颇。对情况缺乏足够了解，会直接导致中层管理者做出错误的决策。

当然，中层管理者有时难以得到所需的全部事实，这时候就要依靠过往的经验、良好的判断力和常识性知识，做出一个符合逻辑的决策。如果为了节省时间图方便，不去收集可参考的各种事实，那就是明知故犯了，这样的错误是不可原谅的。

·误区 2：要求自己的决策永远正确

有些中层管理者过分追求完美，希望自己的决策永远正确。这种绝对化要求，其实是一种不合理的信念。事实上，没有人能够保证自己永远不犯错，且任何决策都不可能是绝对圆满的，总会有利有弊。对中层管理者而言，重要的是坚持决策的优选法则——两利取其重，两弊取其轻，尽量让决策趋近于完美即可。

·误区 3：畏惧承担责任而不敢决策

有些中层管理者在做决策时犹豫万分，这种犹豫不同于谨慎，而更多的是一种习惯性担忧，总害怕所做的决策会有问题。说到底，就是害怕犯错和失败，这一点是阻碍人成功的最大障碍。

中层管理者要明白一点，决策不是选取了某一种方案就大功告成了，后续还要监督跟进。一旦发现有问题，及时更正和调整不让错误继续下去，就不会造成不可挽回的损失。怕就怕，畏惧犯错，什么都不做，丧失执行力，最后导致一事无成。

·误区 4：把客观事实和主观意见混淆

诺贝尔经济学奖获得者卡尼曼认为：大脑有快慢两条做决定的途径，常用的、无意识的"途径 1"是依靠情感、记忆和经验迅速做出判断，属于快思考、直觉思考；有意识的"途径 2"是通过调动注意力来分析和解决问题，并做出决定，属于慢思考、理性思考。

决策是一件重要的事，中层管理者显然要依靠客观事实来做一个理性的决定，而不能凭借主观臆断。可在实际工作中，许多中层管理者会把客观事实和主观意见混淆。

所谓客观事实，就是可以被证明的陈述，无论你对一件事持有什么样的看法，它该是什么样就是什么样。所谓主观意见，是你对某件事物的看法或感觉，不一定都是符合实际情况的。当别人传递给你一个信息时，你一定要弄清楚，对方所说的到底是事实还是观点。要依据事实而不是主观意见来做决策。

·误区 5：害怕别人议论而不敢做决定

有些中层管理者过分在意别人对自己的看法，害怕遭到他人的议论，就算心里已经有了决定，也是话到嘴边不敢开口，生怕被人批评。从心理角度看，这种中层管理者需要别人肯定自己，不能接受他人认为自己不好。

诚然，渴望得到他人的尊重，是人类最基本、最自然的一种需求，但这不代表要事事都以他人对自己的看法为标杆，为求得所谓的别人说"好"，而做出错误的决策。你要知道，他人想什么、说什么，你无须对其负责，你只对自己说什么、做什么负有责任。

忍耐即是成功之路

中层管理者在企业中的位置比较特殊,是上级和下属的直接接触人,能在第一时间获悉双方的情况。上下级之间产生矛盾时,避免矛盾双方直接碰撞,以及缓冲双方矛盾,是中层管理者的一项重要工作,恰当介入并得当处理,可以让矛盾双方比较冷静地思考问题,作出理性的判断。

然而,在现实工作中,中层管理者这一特殊职位并不好做,经常会受到来自各方面的压力:上级的责难,同级的误解,下级的抵触,客户的埋怨。面对这样的处境,中层管理者该怎么办呢?是抱怨、发脾气,还是一走了之?显然,这些都不是能行得通的办法,甚至还可能因为一时冲动,让自己陷入更加被动的局面。

拿破仑说过:"能控制好自己情绪的人,比能拿下一座城池的将军更伟大。"心理学研究也证实,在决定成功的诸多因素中,学识上的智力仅起到20%的作用,其余80%来自情绪、心理等其他因素。

作为中层管理者,如果情绪易于波动、暴躁,必然会妨碍上下级的沟通。纵然受到误解和委屈,也得学会适当忍耐,没有沉下去的耐心,就难有浮上来的辉煌。只有善于忍耐一时的屈辱,才能锻炼出承担重任的能力和品质。

八寻俊郎曾是日本知名企业三井物产的总裁,也是一个历经了忍辱负重,最终成就事业的人。1940 年,他从越南被调回三井物产的总部,晋升为神户分店的橡胶课课长。在他任职期间，橡胶行情突然大幅度地下滑，加上他没有及时采取应变措施，给公司造成了严重的损失。上级对他的表现很不满，直接把他从中层管理者降到一般职员。

实际上，业绩的突然下滑并不全是八寻俊郎的责任，主要原因还是市场的突然变化，上级把所有的错误都归咎于八寻俊郎，显然有失偏颇。更何况，八寻俊郎在越南工作时业绩突出，也算是有功之臣。

很多中层管理者遇到这样的情形，可能都会觉得很委屈，甚至对公司失去信心，另谋高就。然而，八寻俊郎却忍受住了这些屈辱，受到处罚之后，他对自己说：光荣都已经成为历史，重要的是学会如何处理这样的问题，提升自己对市场的应变能力。

带着这样的心态，八寻俊郎又重新投入工作中。一年后，他被分配到石油制品部门，他紧紧地抓住这个机会，大展拳脚。很快，他就被晋升为三井物产化学品部门的部长。之后，经过不懈的努力，他又荣升为三井物产的总裁。

八寻俊郎的经历告诉我们，忍辱不代表无能！今天忍受屈辱，为的是明天更好地施展抱负。遗憾的是，现实中有很多的中层管理者并未真正领悟到这一点，有的人是暴脾气，一点委屈也受不了，动不动就撂挑子、生闷气，甚至自暴自弃；有的人虽然当时能忍耐，但内心的委屈消化不掉，总想趁机挽回面子；只有极少数人，才能做到像八寻俊郎那样，听得进指责，咽得下委屈，借机发现问题，提升自己的能力。

显然，唯有最后一种人，才能把中层管理者的角色饰演好。我们可以想象得出，一个中层管理者在自身的决策和工作能力被怀疑时，如果选择与上级激烈地争辩，或者是愤然离去，会是什么样的结果，所谓的理想、价值统统都变成了泡影，还可能给上级和下属留下脾气暴躁、狂妄自大的印象。即便是还留在公司里继续任职，也会影响团队的工作效率，下属会不由得产生这样的想法：你连自己都管不好，凭什么管我们?

罗马哲学家希尼卡说过一句话："拖延是平息怒火的好办法。"这句话值得中层管理者铭记。遇到上级的指责时，先别急着去争辩，可以到咖啡间休息一会儿，也可以到外面走走，让自己尽快平静下来，再找寻解决问题的办法。

曾经有人向日本的矿山大王古河市兵卫请教成功秘诀，他笑答："我认为秘方在于'忍耐'二字。能忍耐的人，才能得到他所想要的东西。能够忍耐，就没有什么力量能阻挡你的前进。忍耐即是成功之路，忍耐才能转败为胜。"

有些果实不是争来的，而是等来的。作为中层管理者，能忍住当前的不快和委屈，才能锻炼出承担重任的能力和品质。在争中忍，在忍中争，也是一种能耐。

中层是企业文化大使

现代企业非常强调企业文化的重要性。很多企业提出了不少高大上的口号，将这些口号挂在嘴上、挂在墙上，每天都要念上几遍。不过，口号终归是口号，它不是"咒语"，也没有"魔力"。如果光是念口号，再怎么虔诚，也不可能产生真正的企业文化。

那么，真正的企业文化在哪儿呢？其实，企业文化就在中层！

一种文化的形成，要通过两个方面来实现：一是口传心授，二是以身作则。两者之间，以身作则的效用要优于口传心授。

我们提出一种文化，然后将这个文化以某种方式让员工知晓，这是口传心授的过程。但这还远远不够，管理者必须要通过自己的言行，不断地践行企业文化的真谛，才能够让员工相信那些嘴上说的、墙上贴的内容不仅仅是口号，而是真正的行动指南。

那为什么说，真正的企业文化在中层，而且是在稳定的中层呢？

高层领导与普通员工之间普遍有距离感甚至是疏离感，普通员工连高层在做什么、想什么都无从知晓，更不要提去效仿了。中层则不同，中层与普通员工的距离很近，每天都在工作中接触，彼此之间既是领导与被领导的关系，也有合作的关系。

如果中层以身作则，普通员工能够看得见、感受得到。况且，以身作则不是一个短期的工作，只有稳定践行企业文化的中层，才能真正影响员工的价值取向，进而形成稳定的企业文化。如果一个企业的企业文化是守时，中层开始三五天做得还不错,但没过多长时间,就把这一文化抛之脑后了,那么员工自然就会怀疑这个企业文化到底存不存在、有没有用。

所以说,只有稳定的中层,才有稳定的企业文化。

很多企业在遇到困境的时候,往往不知道问题出在哪里?这个时候,细探究会发现,这些处在困境中无法自拔的企业通常没有"文化",即企业内部没有统一的价值观。在快速发展的阶段,似乎一切还好,没什么问题;可一旦遇到逆境,就变成了一盘散沙,无法从逆境中脱离出来。

企业文化,可以说是一种正能量。一个有企业文化的企业,员工能够感受到能量的存在。所以,他们的心态会更稳定,遇事不疾不徐;没有企业文化的企业,只要你走进去,就会察觉到一种异样的氛围,每个人似乎都有自己的"小九九",大家虽然在一起做事,可各有各的打算,各个心怀异志。这种氛围异样的企业,迟早要出问题的。

以国内某知名手机厂商为例,这家厂商曾经是国内前五的手机生产商,其品牌形象一度非常正面,可以说是前景广阔。可就是这样一家大企业,却始终没有形成自己的企业文化,或者说没有形成正面的企业文化。其中的原因,与企业中层的所作所为有很大关系。

这家企业的中层管理者大多数是企业创始人的亲戚,可以说这是一家家族企业。其实,家族企业也没什么问题,世界上有许多非常伟大的家族企业,如沃尔玛超市,是沃尔顿家族的企业;大众集团,是保时捷家族的企业;伯克希尔公司,是巴菲特家族的企业;福特汽车公司,是福特家族的企业……家族企业管理得好,同样可以获得成功。

但是,这家家族企业的"家族中层"们却不能很好地以身作则,带动自己的员工走上正确的道路。相反,他们总是做出一些损公肥私的事情。

有一次,企业研发出一款新手机,非常有希望成为新的爆款。当时,管理企业供应链的是创始人的弟弟,他为了给自己争取最大的利益,没把手机放到成熟的代工厂去制造,而是选择了一家当时已经存在巨大财务风险的公司。

对他的做法，有其他员工提出异议，但因为他是分管这一业务的中层领导，所以反对无效。结果呢？这款预计要生产一百万台的手机，因为代工厂提前倒闭，最终只生产了十万台。企业遭到了重大的损失，而那位中层却从中捞到了不少好处。

除了掌管供应链的中层"胡作为"之外，这家企业的其他中层也都把企业当成了自家的"一亩三分地"，各个只想着从中捞好处。那些不是老板亲戚的其他中层，也只剩下了两个选择：一是在夹缝中生存，委曲求全；二是效仿其他"皇亲国戚"，一心一意为自己打算。

在这样的管理氛围下，加之中层负面的"以身作则"，企业中的员工也都变得唯利是图起来。毕竟，有什么样的中层，就有什么样的企业文化。后来，媒体就爆出了企业营销部员工"内讧"的消息，甚至一度还上了热搜。与此同时，这一品牌的手机销量开始大幅下跌，这家发展较早、知名度较高，品牌影响力占据市场前列的手机厂商，眼看着走向末路。而将它推到绝境的，恰恰就是无力的中层，以及消极的"企业文化"。

只要留心观察，我们不难发现，那些最终能做大做强的企业，不一定是出身最好的企业，但一定是有"文化"的企业。一个有文化的企业，可以在发展过程中，不断地积累自己的正能量，等到整个行业从蓝海走向红海，各家企业都准备通过最后一搏来决出胜负的时候，决定成败的最重要的因素，往往就是文化。平日里，大家都在小溪里游，你我都差不多，可当游到尽头要跳龙门的时候，有底蕴、有文化的企业一跃成龙，而没底蕴、没文化的企业，跳几下就摔下去，最终力竭而亡。

作为中层，如何才能为企业注入正能量，实践出积极的企业文化呢？

· 营造情绪氛围，提升个体感受

有人认为，文化是一种"生产工具"，构建企业文化就是为了提高生产力。折腾了半天，如果生产力没有提高，就认为企业文化没用。实际上，这是一种典型的短视思维。

构建企业文化的终极目的是什么？不是为了提升生产力，而是为了让每一个员工知道自己为什么要生产，而后，怀着一种积极的心态去生产。至于生产力的提高，那不是目的，而是结果。只要目的达到了，自然会有好结果。

中层管理者要做的是，让每一个员工都能感受到企业文化带来的正能量，让每一个员工都能享受其中，而不是为了刻意地营造一种所谓的团队气氛，不停地打鸡血、说教、组织一些没有意义的动员会，完全不顾员工的个体感受。那叫"洗脑"，不叫企业文化。

·塑造精炼的企业文化

有些企业在构建企业文化时，似乎想要包罗万象，把一大堆自认为能够激励员工的口号揉在一起，让员工自己去领会。结果，折腾来折腾去，员工都不知道企业的核心价值观是什么。

真正好的企业文化，往往是简单易懂的。我们可以盘点一下知名企业的核心价值观：

- 华为——为客户创造价值
- 贵州茅台——弘扬茅台文化
- 阿里巴巴——让天下没有难做的生意
- 百度——用科技让复杂的世界更简单

看，这些知名的大企业，每一家都有数以万计的员工，数不胜数的分支业务，可它们只用了简简单单的一句话，就概括了自己的企业文化，并将所有的人、所有的事业，都统一到了企业文化里。这，才是真正的企业文化。

·开放沟通渠道，用思想碰撞出文化火花

文化是探讨出来的，管理者一厢情愿、强制推行的"企业文化"，一定

是没有"根"的。中层管理者在宣扬企业文化时，切忌自说自话，更不要太教化，要让员工讲话，让员工解读，也要听得进反对的意见。

有些中层管理者担心，如果其他人反对自己会影响到自己的权威，影响某项政策的推行。其实，这是杞人忧天。就算你能让一个人、一群人闭嘴，但你无法打断他们的思想，而企业文化恰恰是生于思想、发于思想的。与其让他们在内心里暗自打鼓，不如让大家把话都讲出来，通过思想的碰撞，照亮企业文化的前景。

画出自己的情绪"雷区"图

"我发现自己很容易发脾气,每次碰到员工或是客户开会迟到,我都会怒火中烧,忍不住指责对方不守信、不尊重人,为此得罪了不少人。我知道这样做不好,事后也经常自责,可我就是控制不住这种坏脾气,该怎么办呢?"

说这番话的人,是某企业的一位中层女主管。她说的是自己的烦恼,可很多人看过之后,都觉得是在说自己:作为中层管理者,肩负着不小的职责,下属在工作中出现这样那样的问题,或是因马虎犯下不该犯的错误,甚至经过再三警告还不改正,着实让人恼火。为此,许多中层会以发脾气的方式来表达不满。

然而,发脾气能解决问题吗?事实告诉我们,这种做法发挥的效用极其有限,非但解决不了实质性的问题,还很容易伤害上下级的关系。道理浅显易懂,但为什么遇到问题时,就像那位女主管所说,完全控制不住自己的脾气呢?

从心理学上讲,情绪反应是一个很固定的模式。令人感到生气的情况,就是那几种;令人沮丧的事情,也无外乎那几件。每当这些特殊的情境发生时,我们就会启动固定的情绪反应,就像事先设计好程序的电脑一样,很自然地就会情绪爆发。我们所有的学习经验,都会在大脑中产生新的神经回路,情绪反应的学习也是这样。

举个例子,当我们第一次遇到下属不听劝导、冲动行事时,忍不住发了脾气,这个情绪反应的经验就形成了一个新的神经回路。如果不是有意识地去修正,今后再碰到类似的情况,就会不假思索地去斥责对方的行为。

这就是我们在情绪上重蹈覆辙的原因，倘若这些负面的情绪反应模式不改变的话，就会一直为了某件事情生气，或一直为了某件事担忧。要改变这种情绪反应，防止负面情绪的出现，最重要的是找出自己的"情绪雷区"。

什么叫"情绪雷区"呢？就是那些引爆你负面情绪的东西。每个人都有自己独特的情绪雷区，有时一个人的雷区可能是另一个人的安全区，并不会引爆他的坏情绪。比如，你可能很在意下属是否有时间观念，而另一个人却对迟到这件事不敏感，导致这一差别的原因是，每个人成长的环境、生活的经验、父母的教导、自身的历练和个性不同，因而使得每个人的情绪雷区都有不同的范围。

对于一个中层管理者来说，该如何画出自己的情绪雷区图呢？

· **检视情绪**

回顾过去的1个月里曾经出现过如下情绪的情境：

当……时，我感到难过。

当……时，我感到愤怒。

当……时，我感到焦虑。

当……时，我感到厌恶。

当……时，我感到疲惫。

· **思索核心价值观**

所谓的核心价值，就是心中那些根深蒂固的想法和观念，是它们形成了"我是我"的基础。核心价值观不太容易改变，如果有人（包括自己）的言行违反了自己的核心价值，愤怒的情绪就可能会爆发，继而成为情绪雷区里的"地雷"。例如，你很看重诚信，如果有下属欺骗你，那你很可能就会大发雷霆。这些对我们而言很重要的信念，往往就是"情绪地雷"的导火索。

所以，你要检查一番，知道自己的核心价值观都有哪些。具体而言，你可以试着问问自己下列的问题：

我认为员工应该表现出的理想特质是什么？

我认为工作中有哪些价值和规范是很重要的？

我欣赏的优秀者身上有哪些吸引人的品质？

把这些答案汇总起来，会看到一连串的词语，这些就是你的核心价值观。当你了解了自己最看重什么东西，坚信什么理念，你就能更好地发现自己的"情绪地雷"。

在画出情绪雷区图之后，接下来要做的就是规避雷区。具体怎么做，因人而异，方法多种多样。作为中层管理者，你可以开诚布公地把自己的"雷区"呈现给你的下属，让他们知道你不喜欢、不能接受哪些事情，要求大家避免这些事情。这样一来，不但让自己免受负面情绪的困扰，也不用因为下属不知情误闯"雷区"闹得不愉快。

讲了这么多内容，目的其实是想提醒各位中层管理者，采取适当的方法，能不发火尽量不发火。如果说下属经常性地犯某种错误，屡教不改，你忍无可忍大发脾气，那一定要记得：对事不对人。

正确的批评是对事不对人，虽然批评的是下属本人，但不能进行人身攻击、情绪发泄。发脾气的目的是解决问题，确保类似的错误今后不再发生，或是降低发生的概率。只要错误能够得到改正，问题得到解决，批评就是成功的。

要达到这个目标，中层管理者必须弄清楚事情的来龙去脉，和下属一起分析问题发生的原因，力求以理服人。秉持这样的态度和方式，下属会更积极主动地协助领导解决问题。如果不问青红皂白就训斥，很容易让下属认为，领导是故意让自己难堪，从而产生怨恨的心理。从另一个角度来说，人和事原本就是统一的，事在人为。纠正了问题，就等于批评了当事者，而这种做法更容易为下属所接受。

不过，发脾气这件事情，无论处理得多么高明都免不了会伤人，只是伤人有轻有重而已。所以,一旦发了脾气,就要想好如何做善后的安抚工作,缓和尴尬紧张的氛围。

日本松下公司创始人松下幸之助先生被商界誉为"经营之神"。不过,这位出色的企业家经常在工作中责骂自己的部下。但是,他的责骂并没有让下属怨声载道,原因就在于他责骂之后的处理方式很巧妙。

后藤清一曾在松下公司任职,有一次,他因为一个小错误惹怒了松下先生。当他走进松下的办公室时,看到松下正气急败坏地拿起一只火钳用力地往桌子上拍击,接着就对后藤清一发了一通脾气。听完了松下的斥责,后藤正准备悻悻地离去,不料松下却突然叫住他说:"等一下,刚才我太生气了,把这火钳弄弯了。麻烦你费点力,帮我把它弄直,好吗?"

后藤清一无奈,只好拿起火钳使劲敲打弄直它。在敲打的过程中,他的心情也开始慢慢平复。当他把变直的火钳交给松下时,松下看了看,说:"嗯,比原来的还好,你真不错。"然后,露出了满意的笑容。听了松下的夸奖,加上之前心情已经平复不少,后藤清一的情绪变得不再那么糟糕。

这就是松下的高明之处,在责骂了下属之后,以题外话来缓和气氛,并称赞对方。

当然,更精彩的还在后面。在后藤清一离开后,松下悄悄给他的妻子拨通了电话,说:"今天你先生回家,脸色一定很难看,请你好好地照顾他。"原本,后藤清一在遭受了一通责骂后,准备辞职不干。可是,松下的做法,却让他的心结一下打开,产生了由衷的佩服,又回心转意继续在公司工作,而且还发誓要干得更好。

总而言之,中层管理者在工作的过程中,要尽量管理好自己的脾气,清楚自己的情绪雷区,尽量避免用发火的方式解决问题。一旦没有控制住,向下属发了脾气,切记对事不对人。在发火之后,也要及时安抚下属的情绪,不要让负面的情绪过度积压。唯有及时地疏解,才能为下一步的彼此协作铺平道路。

微观辨人，用对人才能干对事

我们经常会听到"领导艺术"这四个字，就一个管理者而言，无论他的领导艺术如何高明，其本质最终都要落实在用人上：用对人，开展工作得心应手；用错人，管理起来处处掣肘。作为中层，怎样才能保证尽可能地"用对人"呢？第一要点就是学会识人。

识人，相当于用人前的一道关卡。一个优秀的团队离不开有责任心、上进心、积极主动的成员，如果中层管理者从一开始就认错了人，所选的下属都是浮于表面、敷衍了事之人，后面的工作就会变得很被动，且后患无穷。

俗语说得好："知人知面不知心。"短时间内，要想觉察一个人的本性，绝非简单之事。但我们也知道："见一叶落而知岁之将暮。"足够细心的中层管理者，通常还是能够透过个人的细微举动来识人的。比如，《清史稿·曾国藩传》里提到，曾国藩在选吏择将时，先面试目测，审视对方的相貌、神态，同时还会留意对方的谈吐行藏，二者结合，判断人物的凶吉祸福和人品才智。

对于现代社会的中层管理者来说，曾国藩的识人方法有借鉴的意义，但不够全面。为了避免仅以表象识才的错误，建议借助以下几种方法，更深入地辨识人才。

· 留意他的言行举止

心理学上有一个说法：一个人越是卖弄显摆什么，就表示他越欠缺什么。

有些人自身能力不算太强，内心很怕别人说自己没本事，于是逢人就炫耀自己的长处。这种人很喜欢发表"高见"，还总是说得头头是道。一旦你让他扛起大任，他的那些"高见"就成了空谈，根本无法实现。

当然，我们也不能完全确定，所有夸夸其谈的人都没有能力。一个人的本事高低，在言谈方面不太容易完全暴露出来，这个时候，观察他的行为就是一个可靠的办法。正所谓：是骡子是马拉出来遛遛，真有才能的人不怕检验，而滥竽充数的人，在要求他展示真本事的时候，往往会找理由和借口往后退。

·观察他与什么人为伍

无法短期内看清一个人，那就留意一下他经常跟什么样的人为伍，正所谓"物以类聚，人以群分"。没有真才实学的人，也许会故作高深，不露破绽，但他身边的人却难免会现出原形。有能力、有教养、有格局的人，自然愿意与层次高的人交往，他们不屑与那些品质低劣、做事不靠谱的人为伍。

·破除论资排辈的思想

有些中层管理者在思想方面，既保守又封闭，深受论资排辈观念的影响，只看重个人的名分、声望、社会地位，而不重视人的实际品行和能力。这样一来，就导致他们在识人时把徒有其表的资格和辈分看得特别重要，而不去关注员工实实在在的业绩，导致一些有真本事的年轻人处处被压制，而一些没做出什么成就的元老却备受重视，最终使得人才流失。

·不以学历和文凭取人

有些中层管理者特别看重学历，甚至以文凭取人，完全不考虑对方的才干。这样的用人理念对知人、识人都会造成负面的影响，就如日本管理学家占部都美说的那样："注重学历，只看毕业时间早晚的形式主义人事工作方法最省事，不需花费精力，但永远无法具备正确识别人才的能力。"

我们见过不少高才生，毕业院校赫赫有名，成绩也很出色，可到了工作实践中，动手能力很差，思维也很局限，丝毫没有创新意识。这样的员工，单看简历是很出彩的，可论能力来说，却实在不敢恭维。

·不依靠主观喜恶看人

身为中层管理者一定要杜绝凭主观偏好看人的习惯，这是识人的一大障碍。

有的中层喜欢唯唯诺诺、善于逢迎的下属，因为有了他们的衬托，才会凸显自己的才能；有的中层只信任自己小圈子里的、与自己气味相投的人；有的中层喜欢用自己的一套模式来衡量下属……这种依靠个人喜恶、恩怨、亲疏择人的不良习惯，很大程度上会影响中层管理者对人才的识别力和判断力。

与此同时，依靠个人喜好来择人，也会让那些和自己有不同意见、有真材实料的人被拒之门外，导致真正有才能的人遭受冷落和埋没。所以说，领导看人，不能主观武断，还得全面衡量，要时刻反省自己，在对待下属的问题上是否存在偏见。

·避免先入为主的思维

某工厂的车间主任听说部门新调来一位女工程师，他还没见过本人，就说了这么一句话："一个女同志，将来能挑什么大任？"言语之间，透露出了他内心有一个根深蒂固的偏见，那就是"女不如男"。

等到那个女工程师到任后，没过多久部门的很多男同志都对她竖起了大拇指。这位女同志丝毫不矫情，专业技术也很厉害，在解决实际问题方面超过了车间里不少的男工程师，且干活十分麻利，一点都不拖沓。这时，车间主任才意识到，当初自己说的那一番话是多么的狭隘。

·以发展变化的眼光看人

在评价一个员工时,要保持客观的态度,不能因其一句话说得好,一件事办得漂亮,就认定这个人各方面都好;也不能因其说了一句失误的话,办错了一件事,就对这个人进行全面的否定。要彻底了解一个人,得结合他的全部历史和全部工作;同时,还得用发展变化的眼光看人,过去好不代表现在依然优秀,过去出色不代表现在没有退步,用静止的观点看人,很容易偏颇。任何事物都在发展变化中,人也会变,中层管理者要做的就是,尽量让下属通过积极的努力,让坏的方面朝着好的方面转化,防止好的方面向坏的方面转化。

最后要补充的是,中层在识人看人时,不能单凭一己之见,这样会有很大的片面性。要结合下属长期的工作情况,也要依靠其他下属和团队的力量来鉴别,只有这样,才能对一个人有全面的、深入的了解,而不至于被某一方面的优劣所蒙蔽。

如果下属是一个"野心家"

每个团队里，都少不了"野心家"。

他们能力强，但是目空一切、不好相处；他们能创造巨大价值，但是不服管，或许会成为团队管理的灾难；你需要用他们"攻城拔寨"，但又必须提防他们"临阵反戈"。

管理"野心家"下属，可能是新中层遇到的一个重大挑战，跨过了这道坎，新中层的管理艺术将更上一层楼。问题是，该如何做好这件事呢？

管理"野心家"下属，先要明白一个道理——平庸的管理者，只能管理能力比自己弱的人；优秀的管理者，则更善于管理能力比自己强的人。

"野心家"员工一定都是有能力的员工，因为"能力 + 欲望"才撑得起野心，如果光有欲望没有能力，那叫痴心。正因为此，许多新中层一碰到"野心家"下属，心里就有点犯怵，觉得他能力那么强，甚至比自己还要强，我能管得了他吗？

这是对自己的不自信，也是对自己职业的误解。作为管理者，你所需要的能力和普通员工的能力是不一样的。你需要的是管理能力，普通员工需要的是做好自己事情的能力，两种能力不同，怎么能够放在一起比较呢？

回顾历史，我们会发现一个奇怪的现象：历朝历代的开国君王大都不是所谓"最有本事"的那个人。就拿刘邦来说，论打仗他不如韩信，论搞后勤他不如萧何，论运筹帷幄他不如张良，可如果没有他，就没有大汉王朝。为什么呢？因为，他是那个能把韩信、萧何、张良的能力黏合到一起并发挥出最大作用的人。

所以，在面对"野心家"下属的时候，中层一定要明白自己的职责所在以及优势所在。

首先，我们是那个能带领大家把事情做好的人。"野心家"下属虽然能把事情做好，但他仅仅是把自己的事情做好了。大部分"野心家"下属都是短视的，他们只考虑自己的利益，想着能否发挥自己的能力，但缺乏对大趋势的判断，更缺乏统领一个团队的凝聚力。

其次，我们是那个能够充分认识到每个员工长处的人，能够调动每个人的最大潜能。"野心家"下属有个毛病，就是唯我独尊。一个人如果太自傲，就往往有些目空一切、目中无人，这样的人难以成为好的管理者，更无法真正挑战管理者的权威，因为他"不得人心"。

最后，也是最重要、最直白的一点，我们是名正言顺的管理者，"野心家"下属再有野心、再有能力，也是处在一个被管理者的位置上。所以，要相信自己能够掌握团队，包括"野心家"下属。这一点非常重要，如果一个管理者不相信自己，他的气场就会显得很弱，信心也会动摇，很难真正让下属信服。

明确了自身的优势之后，我们还要在执行层面来不断巩固自己在团队中的位置，从而让充满野心的下属们"收心"，踏踏实实地成为团队的一分子，为集体的利益出力。想让"野心家"下属高度服从，中层管理者一定要做好两件重要的事情——引领与开源。

· **引领——不是行路的人，却是最好的指路人**

作为中层，你要深刻地明白一件事，你的主要责任在于指引方向、监督执行。当团队遇到问题纠结不前时，你是那个带领大家走出困境的人；当某些事情需要承担风险的时候，你是那个站出来承担责任的人。

很多中层之所以不能让"野心家"下属信服，是因为他们总在细枝末节的事情上与"野心家们"产生纠纷,比如,"这件事情你要按我的方法做""这个文件你要这么写"……当中层在这些问题上与下属纠缠的时候,无论最后到底谁对谁错,下属都会觉得:"他比我也强不了多少""我为什么要事事都听他的,都按他说的做?"

中层之所以会有这样的做法,是因为把自己的定位弄错了。你要做的事情,不是让每个人按照你的方法工作,而是让他们按照你制定的目标前进。

当你用某种具体的方法去要求下属的时候,下属非但不觉得你水平高、能力强,反而会觉得你根本不是一个真正的领导。换一种方式,当你用结果去衡量他们时,实现了目标就是好结果,没有实现目标就是坏结果,是非对错一目了然,在事实面前所有人都心悦诚服。

在这一点上,任正非值得所有管理者学习。

众所周知,华为是国际一流的通信巨头。在华为公司,有无数的技术精英、管理精英,其中肯定不乏"野心家"。任正非自己是搞工程出身的,在通信技术领域并不是专家,且他手中只掌握着华为1%左右的股份。

看到这里,很多人都会问:任正非凭什么能够掌管华为几十年之久不动摇?

答案有很多,但最重要的一个原因是:任正非虽不是行路的人,却是那个最好的指路人。在他的引领下,华为数以万计的工程师、科学家、行政人员、管理精英都能够按照正确的道路不断前行。历史也一次次地证明,任正非所指引的方向都是正确的。如此一来,任正非作为一个高明的指路人,自然就成了华为最不可或缺、最有权威的人物。

所以,中层在面对"野心家"下属的时候,最好的树立权威的方法,不是在他所擅长的领域压倒他,而是充分发挥自己的职能,做好管理工作,引领团队不断向前,赢得所有人的信服与尊重。

·开源——为团队争取更大的平台、更好的机会

中层除了要发挥出引领作用,还要发挥好"开源"的作用。

所谓开源，就是为自己的团队争取更好的机会，更大的平台。一个团队犹如一个餐馆，员工就是餐馆里的厨师。无论多厉害的厨师，也不是想做什么菜就能做什么菜，即便他厨艺很高，如果没有材料，也不可能做出一桌满汉全席。中层管理者，就是那个提供材料的人。

身为中层，你要担起两方面的职责，一是要能组织自己的下属完成任务，二是能够为下属争取到更多优质的任务。唯有如此，下属才能获得更好的机会、更大的平台，发挥他们的能力，并收获相应的报酬。

只要你能够做到这些，整个团队都会紧密地围绕在你周围。当那些"野心家"下属通过你的开源，获得了更多展示自己能力、赢得荣誉的机会，他们自然会对你心悦诚服。

六种"问题员工"的处理方法

从业务精英转变为中层管理者,少不了遭遇诸多挑战,其中有一项重大的挑战就是员工管理。面对风格各异的不同类型员工,有些中层管理者真的是束手无策,找不到一条清晰的路。结果,要么把职位权力当成"紧箍咒",用其约束员工;要么放任自流,把问题下属直接辞退,或者自己主动让贤。

在谈论如何改变这种情况之前,我们先要澄清一个事实:到底什么是"问题员工"?一个员工的绩效不好,是否意味着他是个"问题员工"?其实,这样的评判是很武断的。作为管理者,不能只看到员工的绩效结果,也得看员工为达到这个绩效结果做了什么,即结果固然重要,但过程也不能够忽视。

真正的"问题员工",应当是在企业既有的文化和规范下,在行事上显得格格不入,并影响到个人或团队的工作结果、工作氛围,甚至破坏团队的凝聚力,特别是如果不做处理,还会对团队造成弥漫性损伤的那种员工。

遇到这样的问题员工,多数中层管理者想到的办法就是,直接将其解雇,换其他人顶替。辞退很简单,办个手续就行了,但如果下一个员工又存在其他问题,还要继续解雇吗?频繁的人员流动,对组织而言并不是一件好事。

相比辞退问题员工,管理者更要学习的是如何与问题员工相处,管好他们、用好他们,这是职责所在,也是成长为优秀管理者必须要跨越的一个挑战。

问题员工的产生原因很复杂，管理者不能只盯着员工找问题，把所有责任都推到员工身上。一定要先自省，从企业和自身出发找原因，看是否哪里做得不好，导致员工出现问题。真有问题的话，要尽快调整改进；若不是自身的问题，再结合员工的实际情况，考虑如何与类似的问题员工共处，争取把他们转变成合格的、优秀的员工。

对于不同类型的问题员工，应对的方法也不一样。下面，我们就常见的几种问题员工，在处理方法上做一个概括性的说明。

第一种：空想型的问题员工

所谓空想，就是脑子里想的和现实是脱节的，明明知道为什么要这样做，为什么不能那样做，但不考虑该怎样动手去做，不考虑具体步骤等务实的问题。他们开口就是各种深奥的理论，可基本技能却不敢令人恭维。对这样的问题员工，管理者可以采取一些措施，让他们学会以下几件事：

· 学会自我反思

中层管理者要帮助空想型员工认清自己的问题，学会从实际出发看待工作。经常让他们自问："这是我的表现吗？我喜欢这样吗？我能做得更好吗？"

· 学会不抱怨

身为领导，要让他们明白，你让他做的工作是为了锻炼他，而不是刻意针对他、压制他，不要把失败的原因全都归咎于环境，怨天尤人，要让他们看到自己能力的不足和心态的缺失。

· 树立正确的工作观

中层管理者可以交给他们一些简单的工作，要求他们展现出应有的水平。这种类型的员工语言表达能力不错，但行动力较差。所以，管理者要帮他们学会通过长时间积累来做出自己的贡献，不要用短视的态度看待工作，业绩是靠方法、努力和耐心换来的。

此外，还要让空想型的员工明白，只有理想是不行的，虽然行动不一定能带来理想的结果，但不去做就只会停在原点。不要被所谓的理想束缚住手脚，重视工作中的每一件小事，认真去做好，即是改变的开始。

第二种：享乐型的问题员工

享乐型的员工属于乐天派，有自私自利的倾向，认为活着就要及时享乐。他们做事的效率很高，表达清晰，富有幽默感；但他们说话又太过直接，甚至信口开河、随意承诺，说完就忘，显得比较虚浮。另外，他们过于自我，总是在情绪支配下做事，要周围的人都配合他。

这样的下属对公司的规则和工作进度不太上心，永远不会在别人预期的时间、地点出现，经常会影响整个团队的运作。他们做事不考虑后果，经常会造成一些自己也想象不到的严重后果。对这样的员工，管理者可采用下列的几种方法来处理：

·创造活跃的团队氛围

享乐型员工害怕过于严肃的工作氛围，喜欢自由地支配自己的工作。中层管理者应当让他们感受到活泼放松的氛围，让他们轻松地与同事分享工作中的趣事。过于严格的规章制度，会打击他们的积极性和创造性。美国杂志《顶尖企业》曾声称，每个员工都是自主的，应该将他们的职业看成是独立的，而每个员工都是独一无二的。

·进行换位训练

中层管理者可以在适当的时候创造一个特殊的环境，让那些平时懒得帮助他人的员工感受一下无人协助的心情。当他们对帮助的渴望达到顶点时，再让团队给予帮助，让他感受到获得帮助的美好。当享乐型的自私自利的员工主动做出了利他行为时，要及时给予鼓励和表扬，强化这种行为，在团队中形成互助、合作的好氛围。

第三种：被动型的问题员工

被动型的问题员工为人比较和气，容易看到他人的优点，且认同他人的意见和感受，有很强的包容性，很少直接拒绝他人的要求，更不会因为要坚持己见与人争执。如果对方立场坚定，他们宁肯选择妥协。所以，在遇到冲突时，他们很难妥善地处理，只会选择消极退避。面对这样的员工，中层管理者要帮助他们变消极为积极，变被动为主动，实现自我完善。

· 为他们提供成功的机会

消极被动的员工，对一切事物都容易采取无所谓的态度。如果中层管理者能够适时地为他们提供成功的机会，比如把一些简单的、容易成功的任务交付给他们，让他们体验到成功的喜悦，以及自身的价值感，渐渐地，他们就会变得主动，工作热情也会日益高涨。虽说有些人天生消极、悲观，但主动、乐观也可以在后天培养出来。作为管理者，你要做的就是帮助他们树立成功的信心。

· 告诉他们你的判断

当被动的员工以为自己身处不利的环境中时，你要根据自己的判断，清楚地告诉他们你的看法。如果你认为他们的工作进展得很顺利，就要让他们知道自己做得不错。如果工作进行得不太顺利，也要直接告诉他们，某些做法是错的。

如果他们所处的不利环境中有客观因素，那你也要指出来，并尽可能地帮他们辨别问题，对这些问题进行细致的、具体的利弊分析。这样能够引导被动消极的员工做出更好的情感反应，而不是本能反应；同时，也能够用乐观的态度和方法，帮助他们消除悲观情绪。

第四种：冲动型的问题员工

冲动型的员工做事果断而有力量，喜欢表现自己刚强的一面，有强大的抗压能力，面对问题敢于承担。但是，这类型的员工也很让中层管理者头疼，因为他们总是顶撞管理者，很难忍受自己受命于人的事实。当然，这种顶撞也不都是为了"对着干"，也可能是提建议的另一种表现方式，纯属情绪的无理发泄。很多团队中的"刺儿头"，就是这类型的员工。

对于这种鲁莽冲动的问题员工，建议中层管理者从以下几方面进行引导：

· 帮助他们正确地认识自己

中层管理者不妨在冲动型员工面前，将他们与其他员工进行比较，在此基础上，对他们给出公正的评价。在比较时，要从他们的知识、技能、心态、能力等多方面进行综合的、客观的比较，坦诚地分析他们的优缺点。

· 培养务实的精神和缜密的思维

冲动型的员工有魄力、有闯劲、有竞争意识，但做事仅有勇气和热情是不行的，还得有务实的精神和缜密的思维。中层管理者要在这方面对冲动型员工加以引导，让他们静下心来做事，特别是要在细节处多提醒，让他们能够周全地、细致地思考问题。

第五种：好胜型的问题员工

好胜型员工有强烈的野心，他们总是精力充沛，也是彻底的实践家。当一项任务摆在他们面前，他们会不惜一切代价争取胜利。这类员工喜欢在人前表现自己，总想让别人看到自己最优秀的一面，也是人际交往中的主动者。

对这样的员工，有些中层管理者为了顾全大局会在某些方面做出让步。这体现的是管理上的艺术，但有些好胜型的员工对上级的退让并不领情，表现得很不屑，反而变本加厉，不尊重领导。碰到这样的情况，就不能再一味地迁就，而是要在适当的时候，以适当的方式挫一挫他们的傲气。不过，在这个过程中，以下几个要点是需要中层管理者注意的：

· 切忌轻易动怒

当争强好胜的员工不断出问题时，有些管理者会按捺不住脾气大发雷霆。实际上，这种方式对好胜型员工并没有太大作用，反而还会适得其反。他们很爱面子，你让他在众人面前威风扫地，单刀直入地批评，会招致他们的反感和抵触。正确的处理方式是，在没有第三者在场的情况下，一对一地单独谈，倾听他们的陈述，然后再提出自己的建议。

· 分析真实用意

很多时候，员工在怀才不遇时才会表现得争强好胜，急于表现自己的才能。如果真是这样，中层管理者就要为他们创造实现自我的条件，分析他们具体的才能，为其安排一些重要的任务，让他们感觉到有一点点压力。你要相信，好胜型的员工只是想表现得更好，因而才闹出各种问题。他们的内心很渴望得到别人的肯定与认同，所以你要选择恰当的时机，让他们知道自己的长处和优势，表达出想帮他们达成目标的意愿。

· 敢于承认不足

中层管理者要坚信，有些好胜型的员工的确有高明之处，但你在他们面前不必自卑，因为你也有自己的长处。不过，在自信的同时，还得有敢于承认自己不足的勇气，在必要的时候进行改正和完善。这样的话，好胜型的员工就很难找到针对你的理由。

第六种：孤僻型的问题员工

孤僻型的员工富有创造力，对周围环境极度敏感，有自己的个人喜好，不会轻易妥协。在管理孤僻型的员工时，中层管理者一定要讲究技巧。

· 杜绝先入为主

孤僻型员工比较自我，内心世界丰富，对人极度敏感，能够清楚地识别虚伪和真诚。只要你真诚地与他们相处，他们不会拒人于千里之外。怕就怕，有的中层管理者先入为主，认为这样的员工不好相处，经常受这种心理暗示的影响，对孤僻型员工产生偏见。

· 不必过分热情

孤僻型员工喜欢自己的生活方式，不愿被打扰。有些中层管理者为了得到此类员工的支持，会装出热情的样子去接近他们。实际上，这种做法是费力不讨好的，他们会认为你很虚伪，从而更加疏远你。平时，只要跟他们保持正常的工作接触即可，除非他们真的遇到了自己无法解决的问题，否则不必过分显露热情。

· 批评不可太直接

孤僻型员工心思敏捷，自尊心很强，中层管理者在批评他们时尽量采用言浅意深的方式，让他们通过思考从中领悟到批评的信息，并进行改正。通常来说，无声的斥责和点到为止的方式对他们更为有效。

· 肯定他们的成绩

孤僻型员工很在意别人对自己的评价，特别是管理者的意见。中层管理者不妨多给他们一些正面的肯定，增强他们的自信，提升他们应对问题的勇气。

你的影响力价值千金

身为管理者，不知道你有没有想过：为什么有些员工会在没有加班费的情况下，依然自愿地、辛苦地加班？为什么有些员工能够为领导设定的目标全力以赴？为什么有些人愿意为组织毫无保留地奉献自己所有的才智？

许多人都思索过这个问题，最终得出的答案有些惊人：成功的领导，99%在于领导者个人所展现的威信与魅力，只有1%是在于权力行使；而这种威信与魅力，恰恰来自领导者自身的行为。换而言之，有威信和魅力的领导没有对下属进行管制和说服，而是以自己的言行散发出感染力潜移默化地影响他们。

有句话你可能也听说过："三流领导管制别人，二流领导说服别人，一流领导影响别人。"看似有点调侃，其实是很有道理的。

管制和说服往往都跟权力挂钩，身在一定的职位，具有一定的权力，才有管制和说服别人的资格。但是，管制和说服不一定能够让员工发自内心地认同，他们可能碍于权威和面子，表面上顺从了你的意愿，转过头就依然我行我素。

家里有孩子的管理者可能感触会更深：想让孩子做好一件事或是不做一件事，用各种条条框框限制他、管束他，或是苦口婆心地给他讲大道理，孩子要么叛逆，和你对着干，要么沉默不语，看似在听，其实是在做无声的反抗。

如果换一种方式：父母以身作则，把一些道德、理念践行于生活中，不用过多地去跟孩子讲什么，孩子也会潜移默化地学会那些东西。所以说，相比管制和说服，以身作则的影响力虽是无声的，却有持久的真正效果。

古人早就提醒我们："己欲立而立人，己欲达而达人。"意思就是说，只有自己愿意去做的事，才能要求别人去做；只有自己能做到的事，才有资格要求别人也做到。身为企业的中坚力量，单靠权力去管制员工，是难以收获人心的，更不可能让员工积极主动地追随你。唯有以身作则，用无声的言语影响员工，才能让团队形成高度的凝聚力。

第二次世界大战期间，美国知名将领巴顿将军在部队里担任中层，他说了一句堪称经典的话："在战争中有这样一条真理，士兵什么也不是，将领却是一切……"听起来有些奇怪，到底是什么意思呢？看完下面的这个故事，你就会理解了。

有一次，巴顿将军带领他的部队行进时，汽车突然陷入深泥。脾气暴躁的巴顿将军大喊："你们这帮混蛋赶快下车，把车子推出来！"军令如山，听到这一声吼，所有人都下来推车。在大家的努力下，车子总算从泥沼中出来了。当一个士兵正准备抹去自己身上的污泥时，惊讶地发现身边一个浑身都是污泥的人竟然是巴顿将军。

这一幕，被那个士兵铭记于心。直到巴顿去世，在将军的葬礼上，这个士兵才对巴顿的遗孀提起这件事，他最后说道："是的，大人，我们敬佩他！"

看完这个故事，再回顾巴顿将军的那番话，你可能已经领悟到它背后的隐意：士兵的状态，取决于将领的状态；将领展示出的形象，就是士兵效仿的对象。所谓的以身作则，就是把"照我说的做"变成"照我做的做"。

中层管理者是一个组织的先锋，也是员工体会企业文化和价值观的第一个接触点，中层的工作能力、行为方式、思维方法，都会对员工产生很大的影响。想要实现员工的自主管理，中层就得事事为先，严格要求自己，在员工心中树立起威望，这样才能够上下同心。

日本前经团联会长土光敏夫，是一位地位崇高、受人敬仰的企业家。

1965年，土光敏夫出任东芝电器的社长。当时的东芝，组织庞大、层级很多，虽然聚集了大量的人才，但在管理方面却很松散，员工的效率非常低。

土光敏夫上任后，准备重建东芝，提出了一个全新的口号："一般员工要比以前多用三倍的脑，董事则要多用十倍，我本人则有过之而无不及。"为了践行这个口号，他每天都会提前半小时上班，空出上午7:30—8:30的时间，欢迎员工和他一起动脑，讨论公司的问题。

为了杜绝浪费，他还借助参观的机会，给东芝的董事上了一堂课。

那天，东芝的一位董事想参观一艘巨型油轮。在此之前，土光敏夫已经参观过9次了，所以事先说好由他带路。那天刚好是节假日，他们约好在樱木町车站的门口会合，土光敏夫准时到达，董事乘公司的车随后赶到。

董事说："社长先生，抱歉让您久等了。我看，我们就搭乘您的车前往参观吧！"董事以为，土光敏夫也是乘公司的专车过来的，而土光敏夫却面无表情地说："我没有乘公司的专车，我们去搭电车吧！"

董事当场愣住了，感到特别羞愧。原来，土光敏夫为了杜绝浪费，推行公私分明的管理制度，选择从自己开始，非工作事宜搭乘电车。这次出行给那位董事上了一堂课。很快，这件事就传遍了整个公司，各级员工立刻心生警惕：社长都这样节俭，我们怎能随意浪费公司的物品？就这样，在土光敏夫的带领下，东芝的情况开始逐渐变好。

领导者的工作习惯和自我约束力，对员工有很重要的影响。如果领导每天按时上班，工作时间不处理私人事务，对工作尽职尽责，这种生动真实的行为就会直接感染到员工。有了以身作则的基础，再去给员工提要求，对方也更容易接受。

　　总之，你想要什么样的员工，自己就要先成为那样的人。当你成为一位有威望、能以身作则的领导，你的员工也会心悦诚服地为组织付出努力。在整个团队中，你就像是一块磁铁，把所有下属都吸引到一起，为了同一个目标奋斗。

第 五 章

中层领导力坎——管理就是让员工成长

第五章　中层领导力坎——管理就是让员工成长

管理是严肃的爱

一个青春期的孩子，我行我素，说什么都听不进去，甚至有过激的行为。父母很苦恼，求助于心理专家。心理专家问道：这个孩子早年是你亲自抚养的吗？父母表示很愧疚，早年忙于工作，把孩子丢在老家，让家人帮忙照看。

现实中类似这样的情况比比皆是，为什么会这样呢？心理专家给出的答案是：这些父母错过了孩子心理教育的最佳时点。父母在孩子生命初期的付出与陪伴，不仅仅是心力和体力上的付出，你在这个过程中积累下来的，是对孩子的心理影响力和心理控制力。

心理抚养的第一步，其实是情感抚养。人与人之间，之所以距离远，是因为心远；之所以距离近，是因为心近。这一点，不仅适用于亲子教育，也适用于企业和团队的管理。

西洛斯·梅考克是美国国际农机商用公司的老板，当有员工违反公司的制度时，梅考克会毫不犹豫地按照章法处理，但他的严苛不是冷血无情的，他总能设身处地地为员工着想，体贴他们的疾苦。他一直认为："管理是一种严肃的爱。"

有一次，在梅考克公司工作了10年的一位老员工违反了工作制度，酗酒闹事、迟到早退，还因此和工头吵了一架。依照公司的规章制度来看，这种行为是最不能容忍的，无论谁触犯了这一条规定，都会被坚决地开除。当工头将这位老员工的闹事行为上报后，梅考克迟疑了一下，但还是提笔写了四个字：立即开除。

梅考克与这位老员工是患难之交，他原本想着下班后到这位老员工家里了解一下情况，没想到这位老员工在接到被开除的通告后，火冒三丈，气呼呼地找到梅考克，冲他大喊："当年公司债务累累，是我和你一起走过来的，三个月不拿工资也没有怨言。现在，就因为我犯了这点错误，你就把我开除，真是一点情分也不讲！"

听完老员工的抱怨，梅考克平静地说："你是老员工了，公司的制度你应该都了解，也应该带头遵守……再说，这不是你我之间的私事，我只能按规矩办事，不能有任何的例外。"

接着，梅考克仔细地询问了老员工闹事的原因，通过沟通了解到，这位老员工的妻子最近去世了，留下两个年幼的孩子。一个孩子跌断了一条腿，住进了医院；另一个孩子因为吃不到妈妈的奶，得不到细致的照料，总是号啕大哭。老员工陷入了极度的痛苦中，故而借酒浇愁，结果耽误了上班时间，还跟工头发生了冲突。

得知事情的原委后，梅考克十分震惊，他说："是我们不了解你的情况，对你的关心不够。现在你什么都不用想，快点回家去，料理好家里的事情并照顾好孩子。"接着，梅考克又说了一番肺腑之言，"你不是把我当成你的朋友吗？所以你放心，我不会让你走上绝路的。"说完，就从包里掏出一沓钞票，塞到老员工手里。

老员工被梅考克的真诚感动了，眼里噙着泪水，哽咽着说："我想不到你会这样好。"

梅考克嘱咐老员工："回去安心照顾家吧，不必担心自己的工作。"

听了梅考克的话，老员工转悲为喜，问道："你是想撤销开除我的命令吗？"

梅考克亲切地问道："你希望我这样做吗？"

"不，我不希望你为我破坏公司的规矩。"

"对，这才是我的朋友，你放心地回去吧，我会适当安排的。"

梅考克没有改变开除这位老员工的决定，但他在维持公司制度的同时，又给这位老员工安排了其他工作，让他到自己的一个牧场做管家。这样的安排，不但解决了员工的实际困难，让他一家人的生活有保障，更重要的是，还能够赢得公司其他人的心。大家都相信，这样一个关心员工的人，值得他们为之拼命工作，因为"老板一定不会亏待我们"。

人心是最神秘莫测的世界，想要开启这扇紧闭的大门不容易，但也不是没有办法。我们永远都不能忽视真诚的力量，人在做出某种决定的时候，并非只依靠理性的思维，很多时候是依赖感性的直觉。换句话说，感情可以帮助我们突破难关，也能够让反对者变成拥护者，因为温暖和爱是可以流动的，是会感染到周围人的。

现代领导者与下属之间，已经不再是君臣、主仆式的关系了，谁也无法简单、粗暴地支配别人做什么。要想使你的意图、决策被下属心甘情愿地付诸实践，最重要的一个决定因素就是，你对他们的关爱程度。一个不懂得关爱下属的中层，必将是一个失败的孤家寡人。

与下属相处，首要是用诚心去打动他们。所谓诚心，就是尊重下属的工作与才华，从小事中去关心他们，帮助他们解决工作和生活中的困难，帮助他们成长，对他们的进步予以关注和肯定。别小看诚心的力量，它会让下属与你的想法同步。你心里装着他们，他们才会替你着想、维护你。

制度的"两个稳定"

制度建设，对于管理而言，不容小觑。

中层既是企业大制度的执行者，也是团队小制度的制定者；既要用制度去约束员工，自己也要严格遵守规章制度。所以，对于"制度"这两个字，中层必须有深刻的认识。

其实，在制度的背后，藏着一个非常重要的概念，那就是角色管理。换句话说，建立制度的深层次目标，就是为了让企业中的每个人都明白自己的定位，知道自己在团队中应该扮演什么样的角色。

2000年，毕业生进入了求职季。清华大学的学生，自然是各个企业争相招揽的对象。而这一年，清华大学仅有的两个制冷专业的博士后，其中之一被格力电器"抢"走了。实际上，格力电器在招揽人才时，一贯是不遗余力的。有人说，中国制冷的博士后有一半都在格力电器，此言虽然略有夸大，但也绝不是空穴来风。

那位从清华毕业的博士后来到格力之后，自然是备受重视，直接就被任命为企业的中层领导，技术、产品都由他负责，他说某个零件合格就合格，他说哪家供应商好就采购哪家。格力公司给他如此大的权力，是为了发挥他的专业优势。

然而，这位博士后在中层的位置上待得久了，似乎忘记了自己的使命。他的心思渐渐发生了变化，在岗位上他一不研究技术，二不研究工艺，三不研究消费者需求，而是专心致志地研究起了"为官之道"。

时间一天一天地过去，这位博士后的专业能力没有太大提升，反而学会了利用职务之便为自己牟利，利用公司的信任在企业中胡作非为。当时，外界的人们形容格力的中层只有一个字——"黑"。想要与格力合作，干什么都需要靠关系，采购要靠关系，质检要靠关系。

回顾起当年的这段时间，董明珠感慨地说：他来了我们非常高兴，但结果却很失望，整个技术团队都让他带垮了。一个博士后，应该带领着年轻人们攀登技术的高峰，结果他却搞起了交易。

2001年，董明珠担任格力总裁后，马上罢免了这位博士后。随后，董明珠制定出了一系列规范企业员工言行的制度。有了制度之后，任何人都失去了胡作非为的空间，格力企业内部的风气开始逐渐发生变化，大家的思想越来越稳定，产品的质量也越来越稳定。事后，董明珠总结说："我们给了他权力，他并没有因此而满足，人都是有欲望的，所以博士后也要用好的制度约束。"

那时格力空调之所以陷入短暂的混乱时期，就是因为没有通过有效的制度，来明确每个人的角色。"博士后"在这种缺乏制度的环境中，产生了角色上的混乱。在这里，我们不妨"事后诸葛亮"一下：如果格力从一开始就有一套完善的制度，那么这位博士后说不定会在制度的约束下，成为格力公司的一员干将。很可惜，生活中没有如果，制度的缺失让博士后扮演了他不应该扮演的角色，走上了一条他不应该走的路。

实际上，角色管理混乱的现象，在很多企业中普遍存在，对企业的执行力也产生了巨大的冲击。一个优秀的企业，首先是其中的每名员工都能够承担起自己的角色使命，这是企业高效率运行的根本前提。

什么样的制度才能够强化角色管理，从而不断提升企业的执行力呢？

答案又得绕回去，那就是稳定的制度。那么，这个"稳定"具体指什么呢？其实，它主要体现在两方面，即时间上的稳定和执行上的稳定。

·时间上的稳定

很多中层为了加强团队的执行力，不断地调整自己的制度，不断地尝试更先进的制度。在这个过程中，他们似乎忘记了一件事，那就是制度之所以叫"制度"，是因为它具有长期性；一个"短命"的制度，不过是管理者头脑发热的产物，不具备指导性。

·执行上的稳定

有些中层太过于讲究"随机应变"，明明定好的制度，却经常视而不见，还大言不惭地说："制度是人定的，所以人就是制度，要随人而变。"此类管理者不明白，制度虽是人定的，可一旦定下来，就需要人坚定不移地执行！随时随着人的意志转移的制度，根本不是制度，顶多是行为指导。既然是制度，在执行上就一定要稳定，不能想执行就执行，不想执行就不执行。

有一家大型企业，由于经营不善难以为继，最终卖给了一家日本财团。

企业里的老员工都在想：日本人来了，会带来什么样的先进方法呢？企业又会有什么改变呢？没想到的是，日本人来了之后，对企业原来的制度一字没改，只要求大家全面执行。

制度还是原来的制度，企业还是原来的企业，人还是原来的人，甚至连机器都是原来的机器，这能有什么起色呢？所有人都觉得，日本人肯定是"疯"了，买下一个快要破产的企业，还不思求变，依然走在老路上。

然而，令所有人意想不到的是，不到一年时间，企业竟全面扭亏为盈。老员工们也感觉，企业和原来完全不一样了，原来的制度虽然大家都熟记于心，但那都是纸上的东西，没有真正地实行过。现在，日本人要求必须要百分之百地落实制度，企业内部发生了很大的变化。

在上述案例中，日本财团既保证了制度的时间稳定，又保证了制度的执行稳定。因此，看起来没有什么大变动的企业，在一年中发生了本质上的变化，这就是制度稳定的威力。

结合实际的管理工作，为了保证制度的稳定，中层们在制定和执行制度的时候，一定要注意以下几个基本要点：

· 常抓不懈

制度这个东西很有意思，你越抓它越强，你稍有松懈，它就一泻千里。因此，中层们对待制度，要做的第一件事就是常抓不懈，不能有丝毫的放松。

怎么抓？从哪儿抓呢？其实，抓制度的关键，在于以身作则。古人云："己身不正，虽令不行。"意思是说，你要是没有遵守制度、不走正道，就别指望别人听你的！所以，常抓不懈，对中层而言，最主要的还是"抓"自己。

· 保证严谨

在出台每一条制度之前，都必须保证绝对的严谨。有些中层"三天一个政策，五天一个制度"，结果呢？每一条制度都定得很草率，或是不能令人信服，或是经不起时间的考验。这样的制度定出来，往往是对团队最大的伤害。因为时间长了，大家都知道你的制度不靠谱，不仅不会遵守新制度，就连老制度也会一并否定，得不偿失。

· 有普遍性

中层们要注意，每一条制度都要面向所有人，不能制定针对某种人甚至某个人的制度。

首先，此类制度不具备普遍性，从定义上就违背了制度的初衷。

其次，制度之所以神圣，是因为它没有一条是无用的。当你针对某些人制定出一个制度后，万一这些人离开了呢？你的制度表里多了一条没用的制度，试问制度的神圣性何在？

最后，也是最重要的一个原因，制度是"公器"。如果你用"公器"去对付一个具体的人，是气量狭小的表现，更是一个组织不能接受的"公器私用"行为。

关于制度，说一千道一万，其实就两个字——准和稳。

所谓准，就是你制定的制度要完善、要慎重、要科学；所谓稳，包括时间上的稳和执行上的稳。满足了这两条的制度，就是好的制度。在一个好制度的规范之下，每个人都能够在企业中找到自己的角色，各司其职。这会让你的管理变得有章可循、有法可依、有的放矢。

激励员工的五大误区

马斯洛的需求层次理论，想必大家都不陌生。这套理论认为，人有生理、安全、社交、尊重、自我实现五个层次的需求，只有当低层次的需求被满足后，高层次的需求才会成为主导需求，且人们对各层次的需求强度都不一样。

所谓激励，就是要满足员工的个性需要，引导其朝着更高层次的需求发展，调动其内在的积极性和主动性，自发地去完成既定目标。激励的效用毋庸置疑，但有些中层管理者对激励的认识过于片面，甚至存在一些误解。为了让激励更好地发挥效果，我们在此着重谈一谈激励的误区，避免中层管理者在工作的过程中走弯路。

误区1：把激励完全等同于金钱

现代社会，钱财是不可或缺的生活资本，但绝不意味着它能代表一切。人们除了有对金钱等物质方面的需求以外，还有很多精神层面的需求，如亲情、友情、爱情。所以，管理者在激励员工时，一定要避免"以钱为本"的误区，要充分地认识到"人"的价值和本质，只有"以人为本"地调动员工的积极性和创造性，才是正确而长久的选择。

曾有一家企业濒临破产，企业领导也想不出什么办法，为解决这个问题企业就选聘了L到厂里担任厂长，希望他能带领企业走出困境。L上任后，开始精简机构，让员工自己推举各层领导干部，并且重用推选的人才，有效地激发了员工的热情和积极性。

之后，L又在厂内的宣传栏刊登各种信息，让大家了解企业现状和市场情况，要求员工对企业未来的发展和目前的工作提出意见和建议。仅仅半年后，这家企业就走出了破产的边缘。为了让企业进一步发展，L还很注重人才的横向调动，允许员工毛遂自荐。最终，这个企业重新发展起来，部分产品还走出了国门。

L的管理之所以见效，很大一部分原因是他懂得以"人"为出发点，正确激励人才，把员工们的心都凝聚在一起，形成了一股拉动企业发展的巨大力量。

误区2：认为激励只有奖励

不少中层管理者会简单地认为激励就是奖励，因此在制定激励制度时，考虑的都是正面的奖励手段，而没有加入一些约束和惩罚措施；或者是虽有惩罚措施，但在具体执行时这些措施流于表面，没有发挥出预期的效用。

事实上，惩罚和奖励一样，都是激励的基本措施，也是相辅相成的。员工有进步就要奖励，这是一种正向的激励，能够提升员工的积极性。当员工犯了错误时，也同样要处罚，这是为了约束和纠正员工的不当行为，让他们汲取教训。

· 误区3：激励方式千篇一律

有些中层管理者在实施激励措施时，习惯采用"一刀切"的方式，也就是对所有员工都给予同样的激励，没有认真分析员工的不同需求。

Z在一家科研单位上班，每完成一个项目，领导就会给所有的科研人员发奖金，并进行集体表扬。经过三年的努力，Z取得了一项重要的科研成果，也受到了领导的肯定和表扬。但是，领导并没有对这项成功的科研成果给予足够重视。Z心情很郁闷，思前想后，最终还是选择了辞职。他要的是对事业的成就感，而不是单纯的奖金和表扬。

对待不同的个体，激励的手段也要有所区别，这个时候"一视同仁"是不可取的。只有根据每个员工的不同发展时期、不同的性格特点，采取恰当的激励措施，才能真正带给员工想要的价值感和成就感，使他们有动力乐于工作。

·误区4：忽略评估体系

有效的激励制度并不是孤立存在的，还需要配套的相关制度，尤其是评估体系。很多企业都有过类似的困惑：在建立起激励制度以后，员工没有受到激励，工作积极性甚至还下降了，比如"年终奖"的计划，因为太过"平均主义"，让那些贡献大的员工心生不满。

之所以出现这样的问题，是因为只有激励制度，没有相匹配的评估制度，形成了负面效果，抑制了员工的积极性。中层管理者在这方面一定要注意，有了激励制度后，还要针对每个岗位的职责、义务、奖惩作出明确的规定，特别是在责任划分和界定这一部分，更要慎重和细致。建立有效可行的评估制度，一切信息都公开，员工也能够进行自我评估和监督，这样可以促进激励制度发挥作用。

·误区5：期望值不合理

对员工的合理期望能让员工在工作中充满激情，并产生满足感。这种满足感又会促使他们自我加压，最终转化为工作的动力。可如果期望值的设置超过了员工的能力,就会给员工带来莫大的压力,让其背负沉重的心理负担。在过度的压力之下,员工会觉得不堪重负,从而降低工作的积极性,甚至把工作视为痛苦的来源。

集体智慧是最大的创造力来源

很多人说，一个人是条龙，一群人就成了虫。为什么？最重要的原因就是，在很多情况下，单兵作业更能激发人的创造力，而在集体行动中，人群似乎都变成了"羊群"，只会听命行事，丧失了主观能动性，失去了创造力，也失去了拥抱更大成功的可能性。

对中层而言，管理好一个个员工，就可以初步拥有一个合格的团队。然而，这样做就够了吗？想成为出色的中层，把工作做得更好，还需要开发出团队的"集体智慧"。那么，如何在团队中激发创造力呢？或者说，怎样使团队更具创造力？这是困扰很多中层的难题。

回想一下，你是不是也遇到这样的情况：

单独询问手下的员工某些问题时，发现人人都很有想法，有时见解还很深刻。可在召开集体大会的时候，却发现他们都变成了"徐庶进曹营"——一言不发，所有的灵感和见解都消失了。

安排某个员工去执行一项任务，他可以很好地达成目标。可如果这项任务的工作量增加了10倍，你派了10个人去一起协作完成任务，所有人都会显得手忙脚乱、相互掣肘，最后的结果是，得需要15个人才能完成任务。

在团队合作中，之所以会产生"1+1＜2"的现象，是因为个人的创造力和主观能动性被削弱了，团队的战斗力因此大打折扣。

那么，如何才能激发团队创造力呢？

作为中层，首先要明白人的创造力是怎么来的？神经科学家研究发现，人接受的新鲜事物越多，其创造力就越丰富。但是，我们的大脑是有"惰性"的，它更倾向于用已知的东西去概括未知的事物。

举个例子：你给一个老年人听说唱音乐，大部分老年人可能会说："这是什么玩意儿？不听！"这样的老年人属于那种不愿意接受新鲜事物的老年人。但是，也有一部分老年人不是这样，他们会听，但也会总结道："嗨，这不就是绕口令吗？"这就是在用已知的东西去概括未知的事物。这种思维方式更倾向于在经验中汲取营养，而不是在创造中改造世界。所以，我们会发现，大部分老年人都是缺乏创造力的。

不仅老年人会这样，年轻人的大脑也越来越"懒"。现在，年轻人每天接受的事物和信息实在太多，目不暇接，他们也习惯于用自己的经验或别人总结的经验，去概括自己看到的东西，这就导致了创造力的下降。而且，当他们处在团队中时，往往更不愿意主动思考，每个人都觉得"别人一定能想到更好的办法，我不用绞尽脑汁琢磨"，当大家都这样想的时候，团队的创造力就泯灭了。

科学家认为，只有通过"迫使"大脑对信息重新分类，并超越习惯的思维模式，才能恢复创造力，才能在工作中找到真正新颖的替代方案。所以，作为中层领导，一定要引导甚至是强迫自己的下属不断地跳出思维的舒适区，让他们重新对新事物充满好奇，鼓起改造周遭环境的勇气。那么，具体该怎么做呢？

· 设计更多的体验活动，把团队"推"到陌生的环境里

多数时候，大部分人的工作变化并不大。在日复一日的机械化工作中，团队的创造力很容易丧失。作为中层，既要培养下属"耐得住寂寞"的工作状态，也要给下属制造一些不一样的团队感受。你可以找到一个合适的时间，带领大家走出办公室，组织一些大家都愿意参加的、形式新颖的团建活动。

在活动中，员工会以平时不常见的方式进行交流、沟通和合作，大家也更放得开、聊得欢。如此一来，既能够活跃员工的思维，也有助于打破团队中的沟通障碍，让团队的心理沟通更加灵动，增加团队的创造力。

除了"娱乐化"的团建之外，也可以打破传统的工作方式，搞一些"工作化"的团建。

例如，你可以组织下属集体到网络上收集竞争对手的情报，搞一次"情报汇总大会"；或者开一场"头脑风暴"的会议，大家只管把自己的想法说出来，不必计较是否可行，哪怕是天马行空、不着边际的想法，也可以放到这场会议上来说。

也许，一两场这样的会议不会产生什么直观的效果，看起来就像是在一起"胡扯"，可坚持的时间长了，大家的思路都打开以后，不但能够提高团队的创造力，还可能从中获得一些以前没有想到过的好点子。

·包容员工的奇怪想法，保护团队的想象力

想要提高团队的创造力，作为中层领导，一定不能打压团队的想象力。

很多缺乏想象力的团队都有一个这样的领导——不能包容下属的"奇怪想法"，总是喜欢说："你这种方案没有可行性，以后不要说了""这叫什么办法？亏你想得出来！"在这种环境下，员工在发言时会逐渐畏首畏尾，有时候就算真有想法，也因为害怕遭到批评而不敢说出来。结果，他们就更倾向于说一些"正确的废话"，导致团队丧失创造力。

作为中层管理者，要有容人之量，哪怕下属的某些想法不成熟、不可行，也不要一棒子打死。即便是不能采纳，也要鼓励员工去思考问题，主动寻找解决困难的办法。

·中层要跳出舒适区，加强自身的创造力

想要提升团队的创造力，仅靠员工是不够的，中层也要加强自身的创造

力培养。如果你是一个墨守成规、待在舒适区里不愿意出来的中层,那么下属自然有样学样,不愿意冒险创新,更不愿意承担为创新而导致的负面后果。久而久之,团队的创造力就完全丧失了。

总而言之,中层要明白,团队的创造力并不是一个定量。把一群富有创造力的人放在一个刻板的团队中,时间久了,整个团队也会变得死气沉沉。相反,如果团队文化总是在鼓励每个人去创新、去创造,那么就算是一群普通人,也会逐渐成为一个很有创造力的团队。

有效人事决策的五大原则

曹雪芹在《临江仙·柳絮》里写过一句词："好风凭借力，送我上青天。"作为中层管理者，就算自身的专业能力再强，也不能事事都亲力亲为，要学会把有能力的人拉到自己身边，为己所用，共同成就事业。

从这个角度来说，如何选拔优秀的人才，就成了中层管理者的一项重要任务。人事决策不同于其他决策，它决定了组织的绩效状况，造成的后果持续时间长，也比较难以消除。因而，很多中层管理者都对此感到苦恼，一再提醒自己要谨慎，可还是会出现"看走眼"的情况。

不夸张地说，这也是管理中的常见问题。相关调查显示，管理者有关晋升和人事安排的决策，平均成功率不超过33%，也就是说至多有1/3的决策是正确的，另外1/3是没什么效果的，还有1/3是彻底失败的。我们都知道，管理者在人事方面的决策永远不可能是完美的，但不得不说的是，依然有一些管理者在这方面做得近乎完美。

在"珍珠港"事件发生时，美国军队里很多较年轻的军官都没有参加过战争，没有任何的实战经验，甚至都没有担任过重要的部队指挥官。可是，等到"二战"结束后，美国所拥有的出色军事将领的人数突飞猛进，超过了很多国家的军队。当时，美国陆军总参谋长乔治·马歇尔将军亲自选拔每一位军官，虽然不是每一位军官都取得了瞩目的成就，但几乎没有一个军官的任命是失败的。

商业领域也有这样的"奇迹"：斯隆掌管通用汽车公司四十余年，他在任职期间亲自为通用汽车公司挑选管理人才，上到高管，下到制造经理、工程经理等中层管理者，甚至是最小的零部件装配部门的总机械师，都受到斯隆的重视。在这期间，通用汽车公司的表现也确实可圈可点。依照现在的标准来看，斯隆选人用人的视野和价值观似乎有点偏狭，事实也的确是这样，他只关心通用汽车公司的经营表现。但不管怎么说，他在选拔人才、知人善用方面的决策能力是有目共睹的，给通用汽车公司带来的长期绩效也是值得赞誉的。

马歇尔和斯隆在性格上截然不同，但他们在人事决策的问题上都有一些共通性。管理大师彼得·德鲁克在《选拔人才的基本原则》和《管理前沿》中，指出选拔人才是有道可依的。在他看来，要做出有效的人事决策，需要遵守以下几条基本的原则：

· 原则 1：对任命进行周详的考虑

对职务的描述一旦成立，可以很长时间都不再改变。

在第二次世界大战中，马歇尔在安排师长一职之前，总是要先观察并确定对于这个师长来说未来一年半到两年的时间里的工作性质是什么：组建并培训一个师是一种任务，率领一个师去作战是另一个任务，接受一个在战斗中严重减员的师并恢复其战斗力和士气，也是一种任务。因此，必须针对不同的任务来安排不同的人员。

以中层管理者来说，如果你要甄选一个新区域销售经理，就要事先了解这个职务的核心内容。为什么要招聘和培训新的销售人员？是目前的销售团队人员接近退休年龄，还是公司在该地区的现有市场做得很好，有必要开辟新的市场？还是公司想要打造新产品，树立市场形象？这些不同的任务，都需要不同类型的人员来承担。

· 原则 2：考虑若干潜在的合适人选

这里有一个关键词——若干。符合正式资格的要求是考虑的最低限度，不具备这些资格的候选人自然就要被刷掉。与此同时，候选人的能力与该项任务必须相匹配。要做出有效的决策，管理者必须从3～5个符合要求的候选人中，挑选出最合适的人。

· 原则3：认真思考对候选人的考察要求

如果中层管理者认真研究过某项任务，他就能够了解一个新人要完成这项任务需要集中精力做哪些事。核心的问题不在于某个候选人有能力做什么、没能力做什么，而是每一个候选人有什么样的能力，这些能力是否适合这项任务。比如说，某个人很适合做技术方面的工作，而某一项任务最看重的是建立团队的能力，那么这个候选人就不太合适。

罗斯福和杜鲁门在甄选自己的内阁成员时，也都说过这样的话："不要在意个性上的缺点，先告诉我，他们每个人具备哪方面的能力。"正因为秉持这样的用人观念，这两位总统拥有了20世纪美国历史上最强有力的内阁。

· 原则4：和候选人以前的工作伙伴谈谈

中层管理者个人的判断不够全面、准确，因为每个人都会有第一印象、喜好、偏见，一个人的主观判断有时难免有失公允。理性的做法是，听听其他人的观点，特别是听听那些曾经和候选人共事过的人怎么说，这样有助于交换意见，更全面、更准确地了解候选人。

· 原则5：保证被任命者了解自己的工作

被任命者上岗三四个月后，应当把注意力放在工作的要求上，而不是以前任务的要求上。中层管理者有必要找被任命者谈话，告诉他们："你已经担任××职位三个月了，为了在新工作岗位上获得成功，你想想应该做哪些事。一周以后，用书面的形式告诉我。不过，我现在可以告诉你，你目前该做的事，肯定不是你之前做的那些让你得到这次晋升的事。"

如果中层管理者没有尽到帮助被任命者了解自己工作的义务，被任命者表现不佳时就要反省自己，采取措施尽到一个管理者的职责。可以说，导致任命失败的一个最重要的原因，就是上级没有彻底地考虑清楚新工作的要求是什么，也没有帮助下属彻底地弄清楚这一点。

一个有三项设计专利的员工被任命为工程经理，一年后却因未做出合格的业绩而遭到解雇。导致这个结局的原因就在于，该员工没有认识到自己的工作变了，相应的工作任务也要改变；而他的上级领导也没有在这方面给予他提醒和帮助，可以说这次任命失败二者都有责任。

不过，就算完全按照上述的原则行事，也不能保证所有的人事决策都不出现纰漏。德鲁克特意指出了两种失败的类型，需要中层管理者们注意。

・失败原因1：被任命者不胜任职务

遇到这样的情况，中层管理者一定要承认"我犯了错，必须纠正这个错误"。具体的做法是，可以先将不合适的人选调回原来的工作岗位，任命另外的人来担任这个职位。及时纠正人事任免的失败，避免继续错误下去造成更大损失。

・失败原因2：职位本身存在问题

如果一个职位连续让几个过去工作表现都不错的人都碰了壁，那中层管理者就要想一想，是不是这个职位本身有问题。如果确定是职位设置不合理，就不要再去苦苦寻觅高精尖的人才了，而是应该果断地调整这个职位。

总之，人事决策不能马虎，不思考这件事的管理者，不但会影响自己的工作表现，还会危害到整个组织的发展。

对权力进行创造性分配

中层每天要花多久的时间工作？是不是工作的时间越长越好？这是我们要思考的问题。

H是某大企业的中层管理者，他最大的一个特点就是"全天候"工作。每天，他都是来单位最早、离开最晚的那个人，而且在单位里，他一刻也不得闲，总是在忙着开会、交际应酬，忙着计划、协调、控制、指挥部下工作，恨不得一天有48个小时可以工作。

奇怪的是，H这么努力，带领的团队业绩却一直表现平平。一开始，人们都觉得可能是H的下属过于平庸了，以至于连如此勤奋的领导都"带不动"。

单位高层领导也这样认为，为了突破瓶颈，特意指派了几个能力很强的人补充到H的团队中。随后，更加奇怪的事情发生了。这些能力很强的员工来到H的团队之后，不知怎么回事，逐渐产生了两种变化：

·第一种：从优秀变得平庸

这些人来到H的团队几个月之后，似乎像变了一个人似的，丧失了对工作的激情和创造力。原来非常优秀的员工，逐渐变得平庸起来。

·第二种：从平和变得暴躁

这些人在以往的团队中表现很好，性格稳定、言谈得体，可来到H的团队之后，似乎瞬间变成了"刺头"，总是跟自己的领导产生矛盾冲突。

高层不明白为什么会这样，于是，分别叫来两位员工，询问到底发生了什么。

第一位员工，是从优秀变得平庸的那类人。

高层问他："你最近在工作上的表现好像没有从前突出了，能说说是怎么回事吗？是不适应新的团队环境吗？"这位员工想了想，说："也没有感觉不适应，可能是因为我的直管领导太能干了，我们其他人只要各司其职，按照他说的做就行了。"

第二位员工，属于从平和变得暴躁的那类人。

高层对他说："你最近的情绪怎么搞的？总是那么暴躁。"这位员工本来就一肚子火，现在终于可以发一发牢骚了，他说："您还是让我回到原来的团队里去吧。"

高层问："为什么？你的适应能力不是一直很强吗？"

这位员工说："我能适应恶劣的环境，但不能适应现在的领导。"高层问："怎么了？H也是一个非常能干的人啊。"员工说："没错，他非常能干。可是当年的商纣王和隋炀帝也都是很有能力的人，但这也掩盖不了他们是暴君的本质！H就是一个暴君，他独断专行，下属根本就没有任何的自主权，只能一切都按他说的做。他好大喜功，把所有的功劳都自己一个人揽走了，他的下属都是傀儡，没有任何发挥自己能力的机会。"

听了两位员工的话，高层终于明白，H这么勤奋、这么努力，但他的团队却始终表现平平的原因了——H虽然是管理者，但他只会自己单打独斗，无法真正挖掘出团队的力量，归根结底，是因为他不愿或者说不会"分权"。

真正优秀的管理者，绝对不是那种大权独揽、凡事亲力亲为的人。

新希望集团董事长刘永好曾说，他其实并没有想象中那么忙，"三分之一时间打理集团业务，三分之一周游列国，三分之一与同行、专家聚会"，这就是刘永好的生活日常。他还说，自己哪怕离开公司一个月，不过问公司的任何事情，自己的团队也可以很顺畅地运行下去。这不是因为刘永好成了董事长就可以不忙,而是他懂得放权,让优秀的人管理公司。

其实,在刘永好明白这个道理之前,他比 H 还要忙。

那个时候,刘永好是企业界知名的"劳模",几乎一刻不得闲,把自己所有的精力都用在了工作上。但后来刘永好发现,自己忙来忙去,收效甚微。于是,他认真学习了关于"授权"的管理学理论,并将理论运用到了实际中,成功地转型成为一名"甩手掌柜",而他的公司并未因此停步不前,反而获得了更大的发展。

肯·默雷尔在《有效授权》一书中,这样定义授权:"授权,是对权力进行一种创造性的分配,是对责任的分担。"何为创造性的分配?简单来说就是,通过权力的下放和分配,让管理者与被管理者之间形成一种良性的互动关系。

有些中层也想授权,但他们往往很粗暴地将手中的权力和义务交给一个他们自认为信得过的人,然后就心安理得地坐等结果。如果授权真的这么简单,就不会有那么多管理者不会授权了!想要做到创造性地分配权力,需要循序渐进、有步骤有方法地进行授权。

·授权不能太过直接,要讲究权力的转移

如果你觉得某个下属有能力独立执行某项权力,记得不要直接授权给他。先选择一项可以相互配合的工作,你们两个一起去完成。在完成工作的过程中,对他进行培训、考察,逐渐让他承担更多的责任,而后再赋予他相应的权力。

·授权之前,让授权的对象制订详细的工作计划

有些中层一股脑地把权力给了某个下属,而被授权的这个人心里也"没谱儿",顿时就慌了。所以,最好的办法应该是,在授权之前,先让他制定一份完整的工作计划。这既是一种暗示,让他有所准备,也是一种考验,判断他是否具备承担这份权力的能力。

·在计划赶不上变化时，让被授权人自主决策

很多中层授权之后总感觉有点"不放心"，尤其是在情况有变的时候，更是加剧了他们的焦虑。但是你要明白，授权最大的意义就在于，你希望有个人可以在关键时刻为你分忧解难，如果你不能培养被授权人的这种能力，那么授权还有什么意义呢？所以当情况有变的时候，你一方面要紧密地关注情况的变化，而另一方面，也不要有点风吹草动就从幕后"杀了出来"，试图收回权力，自己来改变局面。不妨多一些耐心，去看看授权的对象是否有能力独立解决问题。

走动式管理应该这样"走"

有人认为，中层管理者就是坐办公室的，把中层想象成稳坐中军帐、谈笑间樯橹灰飞烟灭的人物。其实，这是一种严重的误解。现实的情况是，中层更要强调"走动式管理"。

实践是检验真理的唯一标准。如果不走动，又哪里来的实践呢？要求中层管理者采用走动式管理，是因为勤于走动才能充分地融入团队，并更好地管理团队。

阿曼西奥·奥特加，是西班牙时装品牌Zara的创始人，身价670亿美元，一度位列全球富豪第二名，还曾经以795亿美元的身价超越了比尔·盖茨，问鼎全球首富宝座。

奥特加出生于西班牙西北部的加利西亚地区，那里曾经是西班牙最为贫困的地区。1975年，奥特加在加利西亚的拉科鲁尼亚开了一家名为Zara的服装小店。在他的打理下，这家小店逐渐发展成为全球最知名的服装品牌之一。而奥特加在管理方面的传奇故事，也被哈佛、沃顿以及西班牙的IESE商学院等知名商学院列为经典案例加以分析。

奥特加行事非常低调，从不接受媒体的采访。在1999年之前，外界大多数人甚至都不知道他长什么样，因为他的照片从来没有在任何一家媒体上刊登过。直至2001年公司上市后，由于要对外公布企业年报，奥特加才无奈地对外发布了他的第一张正式官方肖像。

奥特加的身边从不带保镖，总是以一身的休闲西装亮相，且这位世界级的大富翁所乘坐的座驾，只是一辆售价不到3万美元折合人民币不到20万元的普通家用车。

尽管对外低调，但在自己的企业里，奥特加可一点儿都不低调，员工经常会在企业的各个地方发现他的身影。80岁之后，奥特加虽已经退居二线，可还是每天都会出现在集团公司的总部，且经常在公司各部门或工厂车间穿梭，或是捕捉服装设计制作流程中的每一个细节，或是与手下年轻的设计师闲聊"侃大山"。为此，有人称他为"没有办公室的老板"。

想想看，这个曾经的世界首富，在管理的过程中都要经常走进基层，了解第一线的情况。作为中层管理者，又如何能认为坐在办公室里就可以"指点江山"呢？只有动起来，通过不断地走访，才能加强自己对于团队的全面认识。

不过，中层们也要记住，走动式管理绝不能走马观花，也不是在走动中发现了一点问题就现场抓住不放，更不能在走动中越级指挥、越级管理。要知道，走动管理是一门艺术，讲究方式方法、时机与因地制宜。

总体来说，中层在执行走动式管理的时候，要注意四个要点：

·第一个要点——有计划地走动

所谓走动式管理，不是盲目地走、瞎走，而是要有计划地走、正确地走。

中层每天的工作都很忙，这就要求，你做任何一件事情都应该是有计划、有目的的，绝不能是盲目的、无序的。所以，在走动之前，你要知道团队最近出了什么问题，你需要了解哪些方面的问题，通过什么方法才能了解到问题的本质。

·第二个要点——深入现场，不干涉正常的工作秩序

有些中层管理者下基层，如同皇帝巡游，恨不得锣鼓开道。更有甚者，

还做出了具体的规定——在和员工讲话的时候，员工一定要站起来说话。如此做派，不是下基层，而是惊扰基层。作为中层领导，一来没有必要端架子摆谱，二来要讲求实效，把工作效率放到第一位，千万不能所到之处一地鸡毛，那样既疏远了员工，也不可能深入地了解问题。

· 第三个要点——认真思考，切记草率答复和现场指挥

中层领导在深入基层时，自然会有员工提出各种各样的问题。对于这些问题，一定要认真思考，千万不能心不在焉、不当回事。如果你对员工提出的问题充耳不闻，下次再想了解问题，员工就不会愿意再讲了。更重要的一点是，不要草率答复员工，要深思熟虑、要全面考虑。更不要在现场指挥员工怎么做，那样只会让员工心生反感，影响自己在团队中的形象。

· 第四个要点——走访过后总结分析，集中解决问题

走访不是目的，而是手段。不是说你走了一圈，就是在实践走动管理，你要带着问题走，带着问题回来。走访结束之后，要总结所见所闻，分析自己所看到的问题。然后，将相关信息传达给相关责任人或责任小组，针对问题给出解决方案。

中层还应该明白，走动管理不仅局限于内部的走动，我们还要走出去，去学习、去考察、去借鉴。中层最忌讳故步自封，一定要多走、多看，在走动中思考，在实践中总结，在学习中进步。

走动式管理，既是中层了解自己团队真实状况的一面镜子，也是中层发现更大天地的有效手段。特别是身处规模较大的企业里，每一个中层都不应该把自己禁锢在办公室里闭门造车，一定要实施走动式管理，让自己的团队走上良性发展的通道。

赞美是成本最低的激励手段

戴尔·卡耐基说过:"人类行为中有一条非常重要的法则,如果我们遵从这个规律,就可以永远地甩掉麻烦;如果违背它,就可能四处碰壁。这个法则就是——真诚地认可别人,欣赏别人。因为,人类本性中最深的渴望,就是被别人欣赏。"

作为中层管理者,你肯定希望得到上级的肯定;作为你的下属,他们也同样希望得到你这个上级的欣赏。如果上级经常称赞你工作做得不错,而你却没有对下属说过一次"你很棒",那么对不起,你不是称职的中层管理者。一个吝啬把赞美送给下属的管理者,虚伪的高姿态最终会把他压垮,成为组织里的"夹心饼干"。

有一份针对 120 家企业、涉及 1 万名员工的调查,结果显示:现代企业最明显的矛盾,主要集中在中层管理人员对员工的激励层面上,超过 50% 的部门负责人不懂得表扬下属,让员工产生了很大的不满。从某个角度来说,这份调查显示出,许多中层管理者只会在上级面前夸奖自己,而不懂得把赞美送给自己的下属。

玫琳凯·艾施是美国玫琳凯化妆品公司的创始人,她在一个由男性主宰管理的世界中取得了有目共睹的成就。有人问玫琳凯·艾施:你成功的秘诀是什么?她说了这样一段令人深思的话:"从空气动力学的角度看,大黄蜂是无论如何也不会飞的,因为它身体沉重,而翅膀又太脆弱,可是大黄蜂不知道自己不能飞,它拍着翅膀居然就飞起来了……"

她说的这番话是什么意思呢？其实，她想传达给大家的是，努力发挥自己的潜力，不去想太多，只要努力前行、方法得当，就会有出乎意料的结果。所以，她总是想方设法地激励员工去发现自己的价值，其中赞美就是最重要的激励手段。

一个成功的中层管理者，总是会努力地满足下属渴望被尊重、被欣赏的心理需求，并借助赞美的方式，激励他们发挥出更大的创造力。你的一句肯定和表扬，有可能会决定这个下属的未来；你的鼓励和支持，可能会让一个懒惰的人变得勤奋。

一次，一家服装品牌连锁店有一个店员发现新上架的一件衣服在做工上有问题，就及时把它转移到了顾客看不见的角落。值班经理看到了，称赞她懂得为公司着想，维护品牌的荣誉，还决定当月给她加200块钱的奖金。这个女店员听后，有点受宠若惊，之后的工作更加卖力用心。不仅如此，她还四处对人赞扬那位经理，说在这样的领导手下干活很有价值感。

赞美的力量是强大的，方法得当的赞美能让激励作用放大。我们要多掌握一些赞美的方法，不能只是发奖金，说一些司空见惯的"做得不错"，形式要多样，运用要灵活一些。在此，介绍几种赞扬下属的有效方式。

· **寻求下属帮助**

对中层管理者来说，偶尔向下属寻求帮助，是让下属认识到自身能力和价值所在的最有效的方式。为什么这样说呢？请求会让人变得"脆弱"，表示自己存在弱点或缺乏必要的技能。向下属寻求帮助，不仅表明对他们专业技能的认可，也体现了管理者对他们的绝对信任，愿意把自己的"脆弱"暴露给他们。

某工厂因经营不善，召开会议决定裁员。一位中层干部不太同意这样的方式，提出以其他方式替代裁员，但没有获得多数成员的支持。回到部门后，即将进行裁员的消息已经人人皆知了，有下属就问他："咱们是要裁员了吗？"

这位中层干部非常真诚，他把自己的想法和顾虑都说了出来，并寻求下属的意见："我不知道该怎么告诉大家，你觉得我应该怎么说？"听过之后，下属的情绪也没有特别冲动，想了想，说："你就告诉大家，你尽力了。然后，谈谈我们离开后应该去哪儿，就可以了。"

实际的情况就是这样，他也按照下属说的方式去做了。结果，部门里的员工并没有产生特别大的怨怼情绪，反倒是觉得这个领导挺有人情味的，面对改变不了的现实，至少他还在努力帮我们"谋后路"。

· 询问下属的意见

某公司人力资源部有一位员工，组织能力特别强，HR 经理想询问他，对提高工作效率有什么想法和建议。但 HR 经理没有直接说，而是换了一种方式，说："对于你的组织能力，我是真的很佩服，特别希望能克隆你，这样工作就轻松多了。"接着，HR 经理才询问这个员工："对于工作的优化提高、招聘新人、文书工作的简化调整等，有没有什么好的想法？"

在受到了赞美和激励后，这位员工回应 HR 经理说："您给我点时间，我好好想想再告诉您。"两天以后，他把自己的想法包括经验，整理成了一份书面报告，许多想法都很有创意，给 HR 部门的工作提供了很有益的参考。

· 授予非正式领导权

假如上级对你说："我现在手里的事情太多了，近期公司在售后方面出现了一个大问题，不解决的话会直接导致客户流失。你能不能带领几个人，帮我处理一下这件事？"听到这番充满信任、肯定和期待的话，你是不是觉得自己很被重视，也很有动力去完成？

实际上，这就是授予非正式领导权带来的激励效应。对中层而言，授予下属非正式领导权，就意味着对其技能和判断力的信任，里面包含着无声的赞誉，能够有效地提升下属的自尊，让他们全力以赴。

·双方共同合作

一位销售精英说，自己有今天的成就，离不开销售主管的栽培。他到公司入职的第一年，主管跟他说："为了提升职员语言表达方面的能力，公司提供了10个名额参加演讲会培训，咱们部门有2个名额。我觉得你在这方面有潜质，愿意跟我一起参加吗？"

主管的这一请求，让他瞬间觉得充满力量，甚至想到自己将来有一天也可以站在台上跟大家分享心得体会。他很珍惜那次的机会，更不愿辜负上级对自己的信任。此后，他的沟通能力、业务能力都获得了很大的提升，一部分是源自学习，另一部分是源自激励。

赞美是激发一个人进步的源泉，每个人都可能因为一句简单的"你真棒""你一定行"而把事情做得更好。对中层来说，赞美是一种有效的管理方式，简短的赞美不会浪费你的时间和精力，却会起到比冗长的"说教"好上无数倍的效果。

重用≠升职，帮员工找到合适的位置

提到"重用"这个词语，很多人第一时间想到的就是晋升，干得好就要被提拔，升职加薪是很自然的事。但这样的理念放在实际工作中，是否都能行得通呢？我们经常会看到这样的情况：一个员工做技术研究时表现得特别出色，可你把他晋升为管理者之后，不但发挥不出他的特长，管理方面也冒出一大堆的问题。

问题究竟出在哪儿呢？大家都玩过填字游戏，只有把每一个字都放在正确的位置，才不会出现重复或多余的情况。其实，把这个规则放在用人方面，也是适用的。

中层管理者在日常工作中肯定会对不同的员工有不同的印象，比如，××的性格是内敛的，××的工作态度很不错，××在技术方面有特长，××有很强大组织能力……这些印象，就如同填字游戏中给出的信息提示，中层管理者要根据这些提示，把员工安排到合适的岗位上，这样才能人尽其才。

从这个角度来说，重用不一定都以升职的形式来体现，也不是员工想去什么岗位就安排他到什么岗位，更不是管理者主观认为员工能做什么就让他去做什么。在很多时候，管理者一开始给员工安排的工作，都可能会存在这样那样的不适，这就需要中层管理者及时洞察，适当地作出调整，帮助员工找到最适合他的位置，这才是最好的、最恰当的重用。

D在一家大型超市工作,最初的岗位是收银员,但他性格大大咧咧,还特别马虎,工作起来经常丢三落四,在钱的问题上也经常出岔子。偶尔少收顾客的钱,他得自己补上;偶尔多收顾客的钱,他就会被投诉。这样的情况屡屡发生,弄得D也很没有信心。

主管发现D的问题后,认真地分析了他的情况。他了解到,D虽然很粗心,但工作时充满热情,很擅长与人沟通。随后,主管就调D去做超市促销员。一周下来,D促销的产品销量有明显提升,主管表扬了他,这让D重拾信心,干劲十足。

同样的情况,摆在不同的中层管理者面前,处理方式也会有差异。有的主管发现收银员马马虎虎、粗心大意时,很可能就直接把他辞退。但是,D的主管没有盲目地解雇员工,而是认真分析了D的特点,给他调到了合适的岗位。对D来说,在屡屡犯错的情况下,主管给他调动岗位,让他重新找到了自身的价值,体会到了工作的乐趣。

当员工出现对现岗位不适应的情况时,辞退不是最好的办法。要认真分析出现不适应问题的原因,再进行适当的培训指导或岗位调整。如果员工在更换几次岗位后依然无法适应,这时候就可以考虑:他是不是真的不适合在公司发展?确定是员工的问题后再做出解雇的决定,相对比较理性,不至于因片面的问题而错失一个可能在其他方面做出优异成绩的人才。

当员工在现有岗位表现得很出色时,是否就该对他进行提升,来显示公司和管理者对他的重视呢?答案也是否定的。当员工在现岗位上工作得很突出时,不能盲目地晋升。你可以适当地对他做出公开的表扬,或给予一些物质上的奖励。而后,再通过一段时间的观察,对这个员工的能力进行实际调查,必要的时候给他安排一些有难度的任务,对其进行检验。

如果这个优秀的员工通过你的考核,表现出很强的胜任力,符合你的用人标准,你就可以根据公司情况对他进行一些工作或业务上的提升培训。在适当的时候，可以传授给他一些管理方面的经验。待时机成熟后，再提拔他做更高层次的工作。

为什么不能从一开始就直接对优秀员工晋升呢？原因在于，当你简单地用升职作为奖励手段的时候，你会发现每个下属变得优秀，都会变成升职的对象。最终的结果就是，升职丧失了原本的效用，而下属还会在私底下钩心斗角。

我们可以把团队比喻成一个运转良好的机器，团队中的成员是组成这台机器的零部件。如果其中有一两个零部件安装出现问题，整个机器都无法正常运转。只有各就各位的时候，机器才能高速运转，提高生产效率。中层管理者在这里扮演的角色，就是机器的组装者，必须要学会把员工正确地安排到合适的岗位上，才能保证团队的执行力。

帮助员工找到适合他的位置，不仅是对员工的一种重视，也会影响到其他的下属的工作激情。因为他们感受到上级很重视发掘下属的长处，自己身上的优点不会被埋没，自然有动力努力表现。中层管理者为员工找到合适的位置，就是在对团队进行正确的"组装"，把这个环节做好了，团队的业绩和发展自然会朝着好的方向走。

第 六 章

中层学习力坎——比学历更重要的力量

优秀是因为自我驱动

每个人都需要向上的驱动力,每个企业都希望能够通过种种方式驱动员工不断向前。对于企业来说,驱动基层员工可以通过规章制度、奖惩措施等方式;但对于中层及以上的管理者,为了发挥其主观能动性,企业往往会放松硬性的要求。这个时候,中层的自我驱动力就显得格外重要了。

钟诚在公司干了五年,能力突出、业绩领先,深受领导赏识。领导有心提拔他,给他安排到了一个中层管理的岗位上。在领导看来,像钟诚这样既聪明又肯干的年轻人,经过一段时间的历练,将来一定能成大器。

钟诚顺利晋升为中层后,突然间发现,原来那些绑在自己身上的规章制度、条条框框,似乎都弱化了。早上不用按时按点地到单位了,如果有人问起来,可以说一句:"哦,早上碰到一个重要客户,和他一起喝了个早茶,聊了点事情。"工作也没有那么"紧迫"了,原来每天要写汇报,每周要做一次比较大的总结,可当自己成为中层以后,只对单位的大领导直接负责。可大领导那么忙,有时候一个月都不见人影,所以很多事情都不用着急去做了。

凡此种种,钟诚过上了惬意的中层领导生活。可是,没过多长时间,钟诚从心态到行为上的变化就被领导发觉了。这个原本做事踏实的优秀员工竟成了一个混日子的中层,惹得底下的员工议论纷纷。领导颇有些恨铁不成钢,对另一位高管说:"看来啊,钟诚这个人只适合在基层工作,不适合当管理者。"

几天后,钟诚被调离了岗位。更糟糕的是,他在这个企业中的"命运"和

"前途"，也在这短短几个月时间里彻底地"定格"了。

钟诚的"变化"，其实也是很多新中层容易踏入的一个误区。他们忽略了一条道理：能力越大责任越大，岗位越高要求越高。越是职位提升，越要严格要求自己，不断地鞭策自己，提升各方面的素质。如果没有自我驱动的能力，是做不好中层管理者的，同时也是一种缺乏战略思维、"鼠目寸光"的体现。

那么，中层如何锻炼自我驱动的能力呢？

·每天学习一点新东西

"人到中层"，往往感觉时间越来越不够用了，所以很多人就放弃了学习和自我提升。这种做法万万使不得，中层竞争如此激烈，犹如逆水行舟不进则退，你不学习不提升，原地踏步，其实就是在退步。更可怕的是，退步的不仅是你的知识储备和能力，更是你的自我驱动力。所以，不放弃学习，在学习中不断地驱动自我，是一件必须要坚持的事。

·放下借口，自我分析

基层员工做事出了问题，或者没能完成任务，经常会找借口辩解。但是，面对同样的情况，中层不能找借口，更不能让下属独自承担责任。你是管理者，你要承担起大部分的责任。所以，无论部门里出现什么问题，具体的执行者是谁，中层都要先自我反思，然后尽量向前看、找出路，不要回头看、找借口。放下借口，就意味着你有更多精力不断奋勇前行，可以更好地保持你的自我驱动力。

·保持乐观稳定的情绪

一位企业家说过："企业的中层不快乐，就意味着整个企业都陷入到了消极境地中。"

中层的情绪状态映射着一个企业的中坚力量对现状的满意程度。如果中层是快乐的，那就说明他对前景是乐观的，而这样的企业自然也是有前途的。反之，如果中层各个满脸阴霾，那么整个企业的氛围都会出现问题，进而影响全局。

从这个角度来说，中层能否让自己快乐，保持乐观稳定的情绪，也是一种"战略需要"。要知道，你的情绪不仅会影响到上层对局势的判断，也会感染基层的员工，让他们陷入负面情绪中，最终让整个企业受到严重的影响。

·把优秀当成"刚需"

拿破仑说过："不想当将军的士兵，不是好士兵。"把这句话用到中层身上，可以诠释为："不想做中坚分子的中层，不是好中层。"中坚分子的目标，就是力求各方面都做到优秀，把优秀当成一种"刚需"！

所谓"刚需"，很容易理解：认定一个问题要解决时，就会不断地思考、观察、分析、总结，在这个过程中让自己进步，变得更精进。认定一个目标，就要尽全力去实现。无论什么时候，都会尽量追求更加优秀。

总而言之，养成不断学习的习惯，遇事不找借口找方法，保持积极向上的态度，把优秀当成习惯……这样的中层，就能够保持旺盛的精力和超强的战斗力，让自己拥有做事的热情与动力。与此同时，散发出独特的个人魅力，潜移默化地影响到身边的每一个人。

管好自己是学习力的基础

在给一家大型企业的中层管理者做培训时，培训师将这些中层分成了几个小组，然后进行讨论：想成为一个出色的中层，需要具备哪些职业素养？最差劲的中层有哪些表现？十分钟过后，几个小组都给出了讨论后的答案。

结果令人惊讶，不同的小组、不同性格的中层，给出的答案竟然极其相似：一个出色的中层，必须要目标明确、勇于担当、客观公正、专业能力突出，能帮助企业和员工成长；一个差劲的中层，朝令夕改、推诿责任、自私自利、能力有限。

回答完这个问题后，培训师又进一步让这些中层管理者反思：对于身为中层的自己，你对当下的表现是否满意？结果是，有一半的中层管理者都对自己的表现不满意。

问题出现了：为什么很多人都知道一个出色中层的标准，都知道具备这些职业素养是应当应分的，却在实际的工作中难以做到呢？原因就在于：知道答案，却没有走在通往答案的路上。换而言之，是自我管理出现了问题。

不少人曾经认为，伟大是领导别人。实际上这是错误的观念。

管理大师彼得·德鲁克说过："管理者能否管理好别人从来就没有被真正验证过，但管理者却完全可以管理好自己。实际上，让自身成效不高的管理者管好他们的同事和下属，几乎是不可能的事。管理工作在很大程度上是要身体力行的，如果管理者不懂得如何在自己的工作中做到卓有成效，就会给他人树立错误的榜样。"

伟大不是领导别人，而是管理自己。当一个人不能管理自己的时候，他就失去了领导别人的资格与能力。那么，作为一名中层，该如何实行自我管理呢？

·明确概念：什么是自我管理

所谓自我管理，就是战胜一个不够好的自我，拥有一个更强大的自我的过程。我们也可以这样理解，用"未来的自己"来管理"当下的自己"，即以优秀中层的标准为目标，来修正和完善现实自我的不足。

·明确内容：中层到底管什么

从宏观的角度来说，管理的内容就是"人"和"事"。而"事"在"人"为，所以，管理归根结底还是要落在"人"身上。中层管理者，对上级是执行角色，没有管理职能，不需要探讨；对下属是领导角色，带领团队要管理，实施目标也要管理。不过，这种管理不是用职权来压制和强迫，而是要以才能为基础，发挥领导力和影响力。如何实现呢？这个问题，最后又落在"自我管理"上。

·明确方向：怎样实现自我管理

正所谓，知人者智、自知者明。自我管理的前提，自然是了解自己。中层管理者可以借助于彼得·德鲁克的五个经典问题来了解自己：

1. 我是谁？我的优势、劣势和价值观是什么？
2. 我在哪儿？我属于谁？我是参与者、执行者，还是决策者？
3. 我该做什么？我怎样工作？有什么贡献？
4. 我在人际关系上承担什么责任？
5. 我的长期目标和计划是什么？

其实，上述的这些问题，牵涉几个非常重要的方面，在此简单地说明一下。

· **中层自身岗位职责分析**

在担任中层管理者的职位时，每一位中层都应该分析一下：自己的岗位职责是什么，公司对自己的职位期望和定位是什么，职位的发展空间、享有的资源是什么。只有弄清楚这些问题，才能在具体的工作中有的放矢。

J是一家公司的营销总监，也是一位"空降兵"。在上任之前，他花费了1个月的时间，系统地了解公司对品牌发展、销售管理、客服管理等方面的要求、现状和资源配置，详细到公司的营销计划、行业会议、广告宣传、市场分析、销售计划及产品组合计划、销售总结分析、客户回访机制，等等。

正因为有了前期的准备工作，J在上任之后，虽然也遇到了一些麻烦和阻碍，但大体来说还是很顺畅的。因为他能够梳理清楚每一项具体任务目标和资源，并能将任务合理地进行分解、细化，制订出可操作的工作计划。就职半年时间，没有出现方向思路不清、顾此失彼、遗漏重点的情况。

· **中层自身能力、优劣分析**

全面认识自己，是为了更好地管理自己。作为中层，要分析总结自己的优势、擅长领域，明晰自己的劣势和不足，才能摸索总结出适合自己的管理方式与行为方式。

每个人的特点不同，做事方式不同，这就直接导致管理方式的差异。比如，有的人做事雷厉风行、提纲挈领，这样的中层就需要用详细的计划来约束和支撑自己，避免跑得太快而导致与实际脱节；有的人心思缜密、做事谨慎，这样的中层就需要多向市场前端和产品一线推进，培养做事的魄力，提升实践能力与人格魄力。

同为中层管理者，有的人喜欢听，有的人喜欢说。对于前者，在管理下属时可以多采用书面的形式，避免自己没想清楚贸然提出建议，对下属造成误导；对于后者，在管理下属时可以多用口头方式，及时反馈和表述自己的想法、思路。两种方式没有绝对的优劣之分，适合自己的，能把事情处理恰当，就是好的。

如果不太清楚自己的优劣势，可以向周围的人寻求帮助，让他们给出反馈意见，并进行分析。如果几个很了解你的人都谈到一些共同点，那多半就是你的优劣势所在。发现自己的长处后，要充分利用和发挥，减少劣势带来的负面影响，及时改善和提升，即是提升自我的正途。

· 中层的工作精力分配

总体来说，一个中层管理者应当将精力分割成三部分：70%用于对上负责的管理工作，20%用于部门管理，10%用于同级协调，并根据实际情况随时灵活调配。整体上保持这样一个树型结构，以对上负责为根基，部门管理为中坚，同级协调为树尖，为自己最大限度地拓展工作空间，提升工作效率。

· 中层的自我时间管理

无论是哪一个管理者，其时间和精力都是有限的。除了必须要做的工作以外，每天还会有一些临时性的工作来袭，如开会、客户拜访、媒体约见、临时事务等。如果不懂得时间的管理和规划，很容易陷入疲于应对、顾此失彼的状态中，让自己疲惫不堪又低效。

T是一家公司的行政主管，每天要处理大量的事务性工作。为此，她选择了将工作计划表和工作分类法结合起来的时间管理法，有了新的临时工作内容，就添加到工作计划表中，按照工作分类法的不同等级分类，优化处理顺序。晚上休息前，把当天工作计划中要处理的事务全部处理完，然后，根据工作计划的微调对计划表进行完善，完成后睡觉。

她每天都按照这样的方式来做,让每个在进程中的工作都能够按照计划的节奏推进,不会因为临时来了新的事务而受到大的影响。虽然每天都很忙,事情也很多,但她能够处理得游刃有余,很少出现手忙脚乱的情况。

管理自己是一件不容易的事,牵涉多个方面、多个问题,在后面的内容中,我们还会详细说明。把这部分放在开篇来讲,就是希望所有的中层管理者真正重视自我管理,并将其付诸实践。古今中外,欲成大事者先立身,只有先管好自己,才能带好队伍。

中层要由专才走向通才

以现代企业的发展模式来看，中层必须是一位多面手。

负责销售的中层，如果完全不懂产品，肯定当不好这个管理者。现代产品的技术含量越来越高，掌握产品特性的难度也随之增大，销售中层不能仅仅是"略懂"，而是要"非常懂"才行。反过来，做产品的中层，如果完全不懂市场，不懂销售的原理，也是不行的。所以，中层难就难在要把多种才能集于一身，即所谓的"才干复合"。

在过去的几十年时间里，硅谷培育出了众多优秀的公司，这里也形成了独特的管理者文化。当人们总结硅谷管理者文化的时候，总是要说一句："在硅谷，那些最优秀的管理者往往都是多面手。"

埃隆·马斯克就是一个典型的例子。埃隆·马斯克在四十多岁时，已经创办了四家价值数十亿美元的企业。更为关键的是，他的四家公司来自四个不同的领域——软件、能源、交通、航空航天。那么，他如何管理这四家截然不同的企业呢？

我们常说，管理者要有专注力。没错，在工作上，管理者必须要专注于自己的本职。但是在学习上，管理者不能只精通一门，而要博采众长、广泛涉猎。你要相信，世间万物的道理到最后都是相通的，无论你学什么，只要学到深处，都能够为你当下的工作提供养料。

埃隆·马斯克就是这样一个人。据他的弟弟金博尔·马斯克介绍，哥哥非常爱看书，且什么类型、什么领域的书都看——科幻小说，哲学，宗教，编程，科学家、工程师和企业家的传记……似乎没有他不喜欢看的。

起初大家都觉得，什么都看，没有目的性，不就是瞎看嘛！可是，随着马斯克在不同的领域均获得成功，人们才领悟了那个道理：你学过的每一点知识，都不会辜负你。不过，马斯克之所以能够高效地利用自己所学到的知识，其实是有一套办法的，那就是迁移学习法。

所谓迁移学习法，要点就是知识解构和重组。马斯克发表在某问答网站上的一篇文章，介绍了知识解构的原理——先了解所有知识的基本原理，然后把不同的知识放到同一个框架内进行思考。比如，你看了一本佛经，佛经上说一钵水有"八万四千虫"，这是一个知识点；然后，你又看了一部关于微生物学的书，书上说水中有很多看不见的微生物，如细菌、真菌等。佛经和生物学，当然是不同的知识类型，但如果你能把它们放到一起，从一钵水有"八万四千虫"联想到微生物的相关研究，其实，就等于把知识解构再重组了。

马斯克在创业的过程中，总在不断地解构和重组自己的知识。以特斯拉电动汽车为例，特斯拉电动车制造囊括了传统汽车制造、电池管理、自动驾驶、外形设计、电池控制软件等方方面面的知识。可不管是哪个具体的部门，马斯克都会深度参与到他们的工作中去，然后通过汇总，将形形色色的"知识点"汇集到最终的产品上，这就是典型的解构和重组。

作为中层管理者，千万不能教条化，认为专业化就是最好的，是通往成功的唯一途径。对于员工来讲，或许是这样的，如果他能在自己的专业上做到最好，那他就是最优秀的员工。可是管理者不同，他需要成为一个"通才"。

传奇的管理大师巴克敏斯特·富勒说："我们的这个时代，往往认为越专业就约有逻辑性和可取性，但与此同时，人们似乎失去了综合理解能力。过度地追求专业化，对于管理者尤其不利，会让他们产生鼓励、徒劳和困惑的感觉。而过度专业化在某种程度上也在磨灭个体的思考，更容易使管理者形成偏见。"

职场教练埃米莉·瓦普尼克在她的《遍尝人生》一书里，也提出了一个非常重要的概念——"多项潜能者"。埃米莉·瓦普尼克认为：在如今这个日新月异的年代，能够整合不同领域、适应力强的通才，要比专才更适合成为管理者。因为通才能够使用不同领域的知识和技能，深入了解不同领域的关系，这使得他们形成了独特的"专业能力"。

一般来讲，通才需要具备三种能力：

·融会贯通的能力

有些人学东西，看山就是山，看水就是水。在他们眼里，山水是不相容的。

实际上，这就是缺乏融会贯通的能力。学习的时间很宝贵，在学习中如果能够做到举一反三，就相当于用一份时间，学习到了一个知识的三种形态，可以极大地提高学习效率。

融会贯通的根本在于联想，即学会用一种知识去解释另一种知识。

学习历史时，我们会发现有几个地方总是在打仗，如山海关。如果只是单纯地学习历史，我们只能学到"山海关是军事重镇"这么一个知识点。至于它为什么是军事重镇，在历史学习中是找不到答案的。

然而，在学习中国地理的时候，我们却能够找到谜底。看到燕山山脉的延续走向，你会发现，燕山山脉横在东北地区与北京之间，一支古代军队想要穿过茫茫群山直接攻打北京，是不可能的事。唯有山海关那个地方，有一条天然的进京路线，所以大部队想要攻打北京，必须先要经过山海关。所以，山海关才能成为历史上的军事重镇。

通过这个小例子，我们可以得到两个启示：

首先，就算是解决你所处领域的专业问题，有时也需要一些其他的知识作为补充。

其次，想要让两种知识相互之间产生联系，一定要发挥联想的作用。在认识新事物的时候，要把它和更多其他领域的认识联系到一起，这样不仅能够加强我们融会贯通的能力，也能够加深我们对具体事物和普遍规律的认识。

· **多任务切换的能力**

在管理的过程中，我们经常会碰到这样的情况：交给某人一个任务后，中途千万不要再让他做其他事，否则的话，哪一件也做不好。也就是说，这类人只能适应单一任务。作为普通员工，这也不算是什么硬伤，可作为中层管理者，却是一个弱点。

中层管理者的工作性质，决定了他必须要进行多任务处理。很简单，当你在做一件事情的时候，一会儿员工过来请示问题，一会儿老板给你布置一个新任务，一会儿其他部门的同事过来协商工作……很多时候不可能有条件只做单一的任务。

如果中层管理者想成为通才，一定要培养在各任务间灵活切换的能力，不断加强适应环境变化的能力，更要能随机应变地解决问题。

· **包容的能力**

一个人能够学习不同领域的知识，首先是因为他不排斥自己专业外的其他知识。但很多人不是这样，我们在生活中经常会发现一些"鄙视链"——学哲学的鄙视学数学的，学数学的鄙视学物理的，学物理的鄙视学天文的……如果你也在这个鄙视链里，那就说明，你在排斥自身专业外的其他知识，缺乏"包容性"。

这不是好的习惯，会让你丧失成为通才的心理基础。对于任何知识，我们都要多一些包容，不要因为一些刻板的偏见，否认某种知识存在的合理性。这不仅是对中层管理者的要求，也是对每一个人的要求。

对于专才与通才，从同一个浅层维度来讲，专才解决事情的能力更强。可是，一旦通才融会贯通各领域的知识，架构起领域间的底层逻辑系统之后，就会因为量变产生质变，上升到专才难以企及的高度去看待问题。身为中层管理者，一定要用好专才，因为他们是"即时战斗力"。与此同时，还要努力想办法成为通才，给自己一个站在更高点的机会。

自省是最有效的学习

《论语·里仁》里讲:"见贤思齐焉,见不贤而内自省也。"

这是孔子提出的一种自我道德修养的方法,也是一个人自我管理应有的正确态度。所谓"自省",就是自我反省,觉察和反思自己的思想与行为,及时地"向内看",改正自己的错误,把那些不好的东西消灭于萌芽的状态,从而成就更好的自己。

自省能力是中层管理者必备的能力。身为企业部门的领导者,只有不断地完善自己,敢于时刻面对自己的不足,自我鞭策,对自己有高要求,才有资格去要求别人。很多中层并不缺乏专业能力和分析能力,但缺乏对自己的觉察和反省,因而在工作中凸显了这样的毛病:高傲自负、藐视他人、刚愎自用、唯我独尊。当他们以这样的方式去处理工作时,很快就失去下属的尊敬与好感,没有了群众基础,如何打造高效能的精英团队?如何创造优秀的业绩?

2011年,看过一本关于人力资源深度开发与精确管理的书籍,名为《自省决定成败:标准细节日记》。这本书里提到了一个观点:什么是以人为本的核心竞争力?无论是个体还是团队,无论是家族还是国家,要取得任何成功,都离不开自省。

在实际的工作中,经常会出现这样的情况:管理者在统计团队员工人数时,总是有意无意地把自己漏掉,专门列在管理者或领导者的名单里,与员工"划清界限"。仅仅是一个无意的、细微的举动,却暴露了一个严重的问题:他们没有真正地认识自己的角色,任何一位中层管理者必先是承担责任的员工，后才是行使权力的管理者。管理者的首要工作是什么？不是管理别人，而是先管好自己，真正能够回答这些问题：我的职责是什么？我要怎么做？如何实现高效的管理？

如果中层管理者的惰性较强，这种作风会严重影响到团队员工，让他们滋生没有人催就不做事的思想。结果，整个团队就变成了"人不管事，事无人管，彼此推诿"。管理者是员工的标杆，作为团队的领袖，一定要以身作则，不断反思和总结自身的工作，找出新方向、新方法，为自己和团队加分。

作为中层管理者，具体该怎样实现自省呢？

·勇于认错，主动接受批评

要做到自省，先得具备勇于认错、主动接受批评和自我批评的谦逊态度。在和自省相关的众多因素中，谦逊极其重要。如果没有谦逊的态度，就无法诚恳地接受批评，更不能通过认真地反省去提升自己。

有些中层拒绝反省，原因在于害怕别人因此看轻自己。实际上，无论从哪个角度来说，这种想法都是自欺欺人的。倘若真的犯了错误，别人必然能够看到，在这样的情况下依旧坚持己见，反而会给人自视清高、刚愎自用的印象。

碍于面子而不承认错误，拒绝改进自己，并不是明智的选择。自省和接受批评的目的，是为了今后减少错误的发生；如果在错误发生后一味地遮掩，可能还会犯更多的错误，让问题变得更加严重，得不偿失。

·不断追求进步，不做"差不多先生"

自省的最终目的是提升，从而获得进步。因而，自满就成了自省路上的头号大敌，如果什么事都抱着"差不多就行"的标准，则很难懂得自省的价值，更不可能拥有继续前进的动力。一个出色的中层管理者，事事时时都要问自己：如何才能做得更好？只有这样，才能把自省的态度转变成前进的动力，不断地提升自己。

一次，微软的一位新任市场经理，带着微软某个知名的软件产品参加行业内的一个展会。会后，他兴奋地给该产品的所有员工发了一封电子邮件，说："我很高兴地告诉大家，我们在此次展会上获得了全部十项大奖中的九项！让我们一起庆祝和狂欢吧！"

让他没有想到的是，一个小时之内，他就收到了十几封回信，回信的内容惊人地相似，大家都在询问："我们没有得到的是哪一个奖项？为什么会没有得到？你为什么不告诉我们这方面的情况呢？在这个失掉的奖项里，我们能总结出哪些教训？明年要如何才能够包揽全部奖项？"

看到这些邮件的那一刻，这位市场经理惊呆了。他完全没有想到，微软的员工竟然如此在意那个失掉的奖项。恰恰是在那一刻，他才真正理解，为什么微软能够不断推出深受市场欢迎的产品，并在软件巨人的位置上持续地获得成功。

企业里，无论是引领方向的高层管理者，还是身处基层的员工，都应秉持自省的态度和谦逊的美德，在问题面前敢于自我批评，朝着更好的方向努力。作为一名中层，要彻底扭转自得自满的思想观念，反思和改进自己不好的思想观念和行为做法。

· 听取他人意见，虚心接受指教

比尔·盖茨曾对微软的员工说："客户的批判比赚钱更重要。从客户批判中，我们可以更好地汲取失败的教训，将它转化为成功的动力。"除了听取客户的批评和意见，微软公司还鼓励员工畅所欲言，对公司的发展、决策、现状、问题乃至管理者的缺点，毫无保留地提出批评、建议或改进方案。比尔·盖茨总结说："如果人人都能提出建议，那就说明，人人都在关心公司的发展——这样一家公司怎么可能失去竞争力呢?"

虚心听取他人的意见,是自省和进步的又一途径。与此同时,中层管理者还要主动去寻找自己尊重的、能够及时指出自身问题和不足的"导师",他不但能在学识上教导你,在你犯错时提醒你,还能教给你一些为人处世的原则、看待问题的角度、应对突发事件的能力等。在选择"导师"时,为了能让对方更加客观地对你提出批评意见,选择与你没有直接的隶属和利害关系的人更为合适。

当他人给予你真诚的反馈意见时,你要学会倾听的艺术,在听取正确的意见后,用积极的、切实的行动去改正自身的问题。这样一来,你才能够在上级和下属面前,展示出可依赖、可信任、懂自省的真实品行。倘若只是表面承诺而不认真地反思悔改,不但让人觉得不靠谱,未来也不会再有人愿意花时间和精力去指出你的缺点和错误。

· 事后认真反省,努力提升自我

每完成一个项目之后,中层管理者要及时对自己的工作结果进行评估,列举需要改进和提升的问题,制订出切实可行的改进计划,让自己在有效的执行中完成自省和提升的过程。

在这方面,微软公司做得就很好,每推出一个产品后,它都会留出一段特别的时间,让整个产品团队进行一次全面细致的"事后自我批评"。产品团队的所有成员都要回答这样的问题:"你自己在什么地方可以做得更好?整个团队在什么地方可以做得更好?"进行这样的分析讨论,能够帮助其他产品团队避免类似的错误。微软的管理者相信,只有彻底找出研发过程中的所有教训和错误,才能避免今后重蹈覆辙。

当一个人置身于管理者的岗位上时,他是否拥有事后自省的态度和勇气,直接关系到他能否从失败中重新站起来,也直接关系到他能否在领导力方面实现从优秀到卓越的过程。

专业是第一说服力

在海尔集团内部，有这样一段故事。

孙某是海尔集团电热事业部的中层管理者，他进入海尔集团时，海尔已经是国内知名的电器品牌了。孙某认为在这个大型企业内任职定会有不错的发展空间，能助他实现远大的事业理想。

然而，现实和理想总是有落差的，孙某想象中的"海尔"，跟实际中的"海尔"有很大的不同。尽管海尔品牌家喻户晓，但在市场上火热的产品只有海尔冰箱和洗衣机，其他产品的销售情况并不乐观，而他恰恰被分到刚刚起步的电热事业部，负责小家电热水器和微波炉的推广。原本充满热情、满怀一腔抱负的孙某，如同被浇了一盆冷水。

最初的那段时间，每次有客户问："海尔也出微波炉吗？"孙某都感觉很尴尬。当时，海尔微波炉和热水器的月产量不足万台，就连同行都说："小家电不是海尔的强项……"现实的情况摆在眼前，的确不容乐观。可经过一段时间的调整，孙某还是冷静下来，开始理性地思考自己所在部门的前途。

孙某认为，随着人们消费水平和住房水平的提高，热水器也会跟空调、冰箱一样逐渐在家庭中普及，所以小家电在未来会有不错的市场表现。要让海尔的小家电在市场上脱颖而出，占据优势，就必须在原有的基础上进行创新，力求在产品性能和质量上都成为佼佼者。

经过一番思考与调查，孙某决定把电热水器的研发作为部门发展的突破口。此时，国内有多家媒体报道了电热水器因质量问题而发生事故的事件，这给孙某带来了很大的触动。他想：如果能够使电和水分离，是否就能避免这样的事故发生呢？随后，他就带领海尔电热事业部的全体员工，全身心地投入这项创新研发中。

1996年，海尔生产了第一台水电分离式热水器。刚打入市场，就被抢购一空。自此，海尔在小家电行业的地位逐渐提升，原来在海尔集团内部被视为"冷板凳"的电热事业部，也成了海尔的骄傲。不过，孙某并没有满足于这样的成绩，他深知，唯有不断创新才能在市场上持久立足。随后，在团队的共同努力下，电热事业部又开发了多种热水器。现如今，电热事业部已经成为海尔的一个颇具竞争力的部门。

麦肯锡公司的一项调查结果显示：很多公司之所以能够保持持续发展，改革成就斐然，其关键因素并不在于高层管理者，而在于有一批具备改革精神的中层管理者，以及具有丰富专业知识的专业人才。结合海尔集团电热事业部的实例，我们也能够看出，中层管理者在企业实际管理工作中具有巨大作用。

中层管理者不是普通的员工，其个人素养的高低直接影响到一般员工的职业行为，甚至影响到公司能否获得进一步发展。虽然每个企业都有自己的标准和要求，但在选拔中层管理者时，都会首先考虑候选人是否掌握了部门工作所需要的专业知识和技能。

为什么要强调专业知识和技能呢？作为企业的中坚力量，专业知识是克服困难的力量，更是收获人心的力量。你有了足够的专业知识，才能回答下属不能回答的问题，当你用丰富的知识为下属带来利益时，下属才会对你产生敬佩感。从这一角度来讲，扎实的专业知识是中层管理者凸显个人魅力的一个重要因素。

有些管理者认为，身在中层的岗位，多学习一些管理学知识就行了。其实不然，在实际的管理工作中，想依靠某一方面的理论知识去解决所有问题是不太现实的。每个中层管理者都必须根据自己所从事的行业的性质，对自身所要具备的专业知识进行有针对性的强化，如财务知识、行业知识、产品知识，等等。

这是一个日新月异的时代，信息的更迭很频繁，且下属们在学历、知识更新方面比很多管理者都更胜一筹。面对这样的情境，中层管理者想要成为"师者"，就必须进行广泛、深入的学习，这样才能让功底越来越深厚，经验越来越丰富。

具体来说，就是要随时随地研究自己所处领域的知识与技能，有刨根问底的精神。在这方面，万万不可随意应付，不求甚解。有不少管理者被从中层岗位上撤下来，其中很大一部分是因为没有进一步发展的能力，驻足不前，被人超越。

身在管理者的岗位上，就要起到一个领导者的作用，有能力让下属愿意听你的安排，乐意配合你的工作，在你的指导下完成任务。这一切不是仅仅依靠下达口头命令就能实现的，而是要以专业的知识和丰富的经验为基础，带领团队开展工作。

面对每一个具体的工作事项，中层管理者必须要有能力给予下属合理的指导。很难想象，一个对专业知识知之甚少的管理者，能有效地带领下属攻坚克难、解决问题。要成为优秀的中层管理者，就得不断夯实和精进自己的专业知识，毕竟"喊破嗓子不如做出样子"，打铁还需自身硬。

第七章

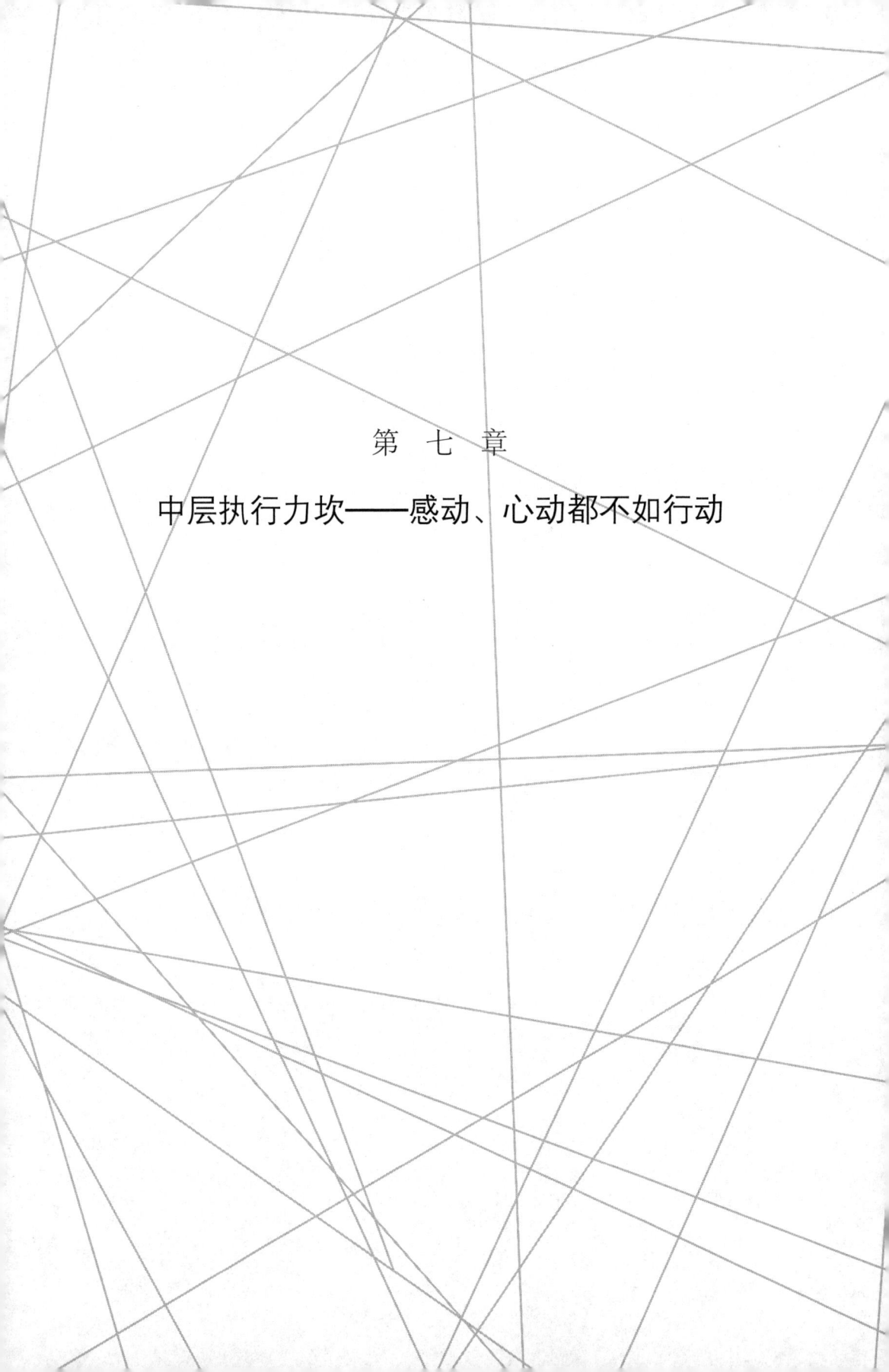

中层执行力坎——感动、心动都不如行动

向"生产力周期"要执行力

管理的终极任务是提高执行力,而执行力主要体现在两个方面:

第一,解决问题的能力。

当你的团队面对一个任务时,先要具备完成这个任务的能力,才算是具备了执行力。

第二,在一定时间内解决问题的能力。

光有能力完成任务是不够的,还要考虑完成的时间。

比如,如果一项任务交给你,你有能力完成它,但需要花费一年的时间,而这项任务必须在一个月之内做好。很显然,你并不具备完成这项任务的执行力。

再如,有一项任务摆在两个团队面前,第一支团队需要一个月完成任务,第二支团队十天就能完成。那我们就可以说,第二支团队的执行力更强。

可见,执行力包含着两层意思,一是能力,二是时效性。能力是执行力的基础,时效性是执行力的重要考核标准,两者在管理中缺一不可。

大部分中层管理者其实都不缺乏执行力,但有时就是不能体现出很好的执行力,这是为什么呢?其中最重要的原因是,许多管理者把执行力当成了一个固定值,而在实际的工作中,同一个团队在不同的状态、时间段下,执行力是不一样的,它是一个动态的、变化的值。不能认识到这一点,就会错误地估计团队的执行力,产生较大的管理疏漏。

执行力为什么会是一个动态值呢?这是因为,员工有自己的"生产力周期"。

你可能听说过产品的生产周期，或是经济发展周期，但还从来没有听说过员工的"生产力周期"。其实，这个概念很好理解，它指的是，一个员工在不同的时间工作效率也不相同。

举个例子，某团队中有这样五位成员——

A 员工，习惯每个月月初努力工作，快到月底的时候，他就会考虑到什么地方玩，放松一下。所以，他在月初时的生产力达到了顶点，越靠近月底，生产力越低。

B 员工，月初慢条斯理不着急；月中的时候发现很多工作没有做，开始努力；到了月底的最后几天，正是他头悬梁锥刺股努力赶工的时候，生产力达到了巅峰。

C 员工是一位 13 岁孩子的母亲，每个星期五孩子都会提早放学，所以星期五的时候，她倾向于早回家，无心工作。周末的时候，她要带着孩子四处玩，所以星期一的时候精神状态较差，但是星期二到星期四这三天，是她生产力最高的时期。

D 员工，"夜猫子"一枚，每天睡得很晚，早上状态不好，中午休息一会之后，效率达到巅峰，且习惯加班。所以，他效率最高的时候，是下午两点到晚上九点。

E 员工，状态相对稳定，生产力始终保持在一个水准上。

如果你是这个团队的管理者，你会怎么安排工作？

如果你在月初的时候，把重要的工作交给 B 员工，他肯定完成不了，会影响整个团队的执行力。相反，你如果在月底的时候重用他，却会有很好的效果，执行力也会加强。

如果你有一件事情，星期五布置下去，星期一要看到效果，你却恰恰把这件事情交给 C 员工，那么，很抱歉，她十有八九会掉链子。你觉得，这是她的错，还是你的错？

中层管理者当然希望，所有的员工都能像 E 员工一样，保持稳定的状态。但如果你把非常重要的事情全都交给 E 来做，你也应该能够预料到，在漫长的执行周期里，E 员工的生产力也是会逐渐递减的，且递减到某一个临界点的时候，会出现断崖式的下跌。到那个时候，还是会影响团队的执行力。

所以，中层管理者最忌讳的一点就是——认为自己的员工是机器，他们永远稳定，你掌握着那个开关，说开就开，说关就关。事实上，这是不可能的。人和机器最大的不同在于，人有主观意识，而主观意识会让他们的生产力产生波动，这是不可避免的。

那么，如何解决上述这一问题呢？答案就是，通过合理的管理，尽量减少生产力周期性波动带来的负面作用，进而让团队的执行力保持在一个比较稳定的数值之内。

为了达成这一目标，你首先要熟知每一个员工的生产力周期。如果有些周期是你可以干预和调整的，你就可以通过交流帮助员工调整他们的生产力周期，尽量让它趋于稳定。如果有些生产力周期是不可能被干预的，比如说，C 员工的生产力周期，只要她的孩子还是一个在校的学生，就很难发生改变，你总不能让人家对孩子不管不顾。对于这样的情况，你就需要在安排工作的时候，把 C 员工的生产力周期考虑进去。

除此之外，还有几种管理方式可以让生产力周期的负面作用降至最低：

· **复合执行法**

你可以给员工安排几种不同模式的工作，让他自己选择执行时间。

如果一个员工只领到了一种工作，那他就不能进行自我调整。你可以安排几种不同模式的工作，如机械化的工作，大量动脑的工作，比较紧急的工作，不太着急的工作，这样就能让员工根据自己的生产力周期，主动安排自己的工作。

比如，脑子混沌的时候，可以完成那些机械化的工作；精神状态好的时候，可以完成大量动脑的工作。一天内工作效率低的时候，可以做不太急的工作；工作效率高的时候，可以去突击比较着急的工作。

如此一来，就可以有效地提高员工的执行力。

· 压缩完成周期，给予弹性时间

如果是一项要求在5天之内必须完成的工作，你可以安排员工4天完成，把最后1天作为弹性时间。因为在现在的工作环境中，大部分员工的工作量都不是"满负荷"的。

通常上级交代用5天完成的工作，如果员工能够保持比较好的状态，3～4天就可以完成。所以，当你压缩了工作完成周期之后，他们其实在理论上依然可以完成。这样一来，他们就会根据那个较短的时间来调整自己的生产力周期，从而主动提高工作的效率。

如果员工最后安排得当，确实完成了任务，那么最后1天的弹性时间，可以作为对他们的"奖励"（当然这件事情，或许只有你自己清楚）；如果没有完成任务，那么还有1天弹性时间，能让他们接着去完成任务。此时，你要象征性地给一些小小的惩戒。千万不要让员工觉得，你安排的工作时间都有水分，可以拖延，那样的话，只能让你团队里的人都患上拖延症。

另外要强调的是，如果员工提前完成了任务，一定要把最后1天的弹性时间给他们。很多管理者看员工提前完成了任务，似乎就忘了有这么一个弹性时间的存在，马上让员工进入到下一项任务中。如此一来，员工始终都在高负荷工作。时间长了，他们就会反弹，变得消极怠工，到时候再想扭转他们的工作态度，就晚了。

· 尽量让员工做其擅长的事

员工在对待一般性工作的时候，生产力周期是牢不可破的。但如果你挖掘员工的兴趣所在，让他们做自己擅长的、喜欢做的事，他们很可能会主动打破自己的生产力周期，以更大的热情、更高的效率投入到工作中，执行力也会得到提升。

人们常说，管理者要"知人善任"。知人善任，是每一个中层管理者都要追求的境界。你要知道员工的能力所在、兴趣所在，然后将其放到能够让他们感觉到舒适，并能激发他们最大激情的岗位上，这样才能充分地调动一个人的主观能动性。

唯有这样，管理者才能进入"无为而治"的至高境界，成为真正的执行慧才。

奖罚制度是行动的牵引机

美国通用电气公司前 CEO 杰克·韦尔奇说过一句话："我力图确保在每一天的经营中，最有效的人得到最好的待遇；同时，我们必须观察那些绩效最差的人，并给予一定的处罚。"

碰到这样的上级，你会不会觉得是一种幸运？你付出了多少劳动，你创造了多少价值，他都能够给予你相应的回报；而那些敷衍了事、随意糊弄的人，也逃不过领导的眼睛，要么被罚，要么走人。跟着这样的领导做事，你不用担心"干好干坏一个样"，也不用为了"平均主义"而生出苦恼埋怨。你会由衷地相信，工作不仅是为领导、为企业，更是为自己。

中层管理者一定要学会在管理中对赏罚制度的运用。

你希望员工自主自发地工作，努力达成既定目标，就得把薪酬和绩效联系起来，让踏实肯干、出色优秀的人得到应得的回报，让浑水摸鱼、偷奸耍滑的人得到应有的惩罚，让两者的薪酬待遇拉开差距。如果奖罚不分明，负面的影响是很严重的。

在一家小型的炼油厂里，有个年轻的小伙子特别爱钻研，他将自己的实践经验和理论相结合，总结出了一套改进设备以提高出油率的先进方法。他兴致勃勃地把这个方案交给主管，希望能得到肯定和试用，但主管却表现得很淡漠，看都没看，直接给他泼了一盆冷水："我让你来是帮我做事的，没让你去琢磨这些东西。你这样做，就等于在耽误我的事，懂吗？"

小伙子带着方案走了，心里很沮丧。他想不明白，自己琢磨这些东西就是在为厂里着想，希望能提高效率，怎么还被骂了？他越想越生气，最后愤而离职，去了另一家炼油厂。他的方案在那里得到了上级和大领导的认可，虽然还有一些不足，但领导委派了专业人士和他一起商讨改进，这个方案最终帮炼油厂提升了出油的效率，让这家炼油厂在竞争中脱颖而出，日益壮大。

同样一个问题，经过不同管理者的处理，就有了不同的结局。按照常理来说，作为企业的中层管理者，自身就要具备创新意识，并要鼓励员工创新。当下属为技术革新做出成绩时，理应大加赞扬并予以奖励，而第一个主管却劈头盖脸地骂了下属一通。该奖的不奖，不该罚的乱罚，完全没有道理可言，用糊涂来形容这样的中层，一点也不为过。

奖罚是一种重要的管理手段，奖惩分明能够有效地促进工作的执行。如果无法做到奖罚分明，干脆就不奖不惩，奖罚不明引起的负面影响比不奖不罚大得多，甚至会让执行结果偏离初衷。除了利用奖惩方式以外，适当地给执行者施加压力，也是提高工作效率和团队执行力的一个重要方法。施压的方法有很多，这里推荐几种效果较好的方法：

·设置完成任务的最后期限

提起"拖延症"，大家都不陌生，甚至或多或少都被它困扰过。有些下属在执行任务时总是习惯性地拖延，导致进度缓慢。如果团队里有两三个这样的人员，整个部门的执行效果都会受影响。要解决这种问题，就需要中层管理者事先给执行者的工作设置"deadline"，即最后期限。具体的方法就是，预估执行者可以完成任务的时间，然后适当把这个时间提前一点，同时还要告诉执行者，如果超过最后期限会遭到什么样的惩罚。这样一来，执行者就有了紧迫感，不太敢懈怠，执行力也会得到提升。

· 让每一个执行者都忙而有序

在有执行力的团队里，所有的员工都是忙而有序的。为此，中层管理者一定要给团队所有人员都布置合理的任务，并制定完成任务的具体指标，充分调动团队人员的积极性，使每个人忙碌起来，有压力感和紧张感。对完不成任务的员工，要采取相应的惩罚措施。否则，散漫的风气就会蔓延，团队的执行力必然提升不上去。

· 引入团队内部的良性竞争

从心理角度来讲，每个人都希望自己被当成重要的人物，拥有比别人更优越的地位。在这种欲望的驱使下，人们才愿意成长和进步。特别是在有特定的竞争对象时，这种欲望会更强烈。

团队内部的员工之间少不了会存在竞争，但这种竞争可能是良性的，也可能是恶性的。中层管理者需要做的就是，遏制下属之间的恶性竞争，避免员工之间形成敌视态度。当所有人都把精力放在如何防范身边人时，就很难专注、团结地合作了。

为此，中层管理者要关注下属的心理变化，在组织内部采取措施，引入内部良性竞争机制，让员工之间形成"你追我赶""你好我好大家好"的竞争局面。这需要从实践和制度两方面入手，让大家积极思考如何提升执行力，如何掌握新技能，如何获得更好的成绩，如何收获更融洽的关系。当所有人心往一处想，劲往一处使，团队的执行力就会越来越高。

当好员工的"带头大哥"

海尔集团在解决内部执行力水平不均衡的问题时,采用的是"抓短板"的方式,即找到管理中的薄弱环节,从"木桶最短的那一块木板"抓起。

某年年初,海尔集团找到的"短木板"是下属公司的一位经理。在跟她一起分析企业运营出现问题的原因时,这位主管抱怨道:"这里员工的素质太差了。"话一出口,就遭到了高层领导的反驳:"为什么员工的素质差?且不说刚招聘来的新人,就说大学毕业又出国培训过的技术人员,他们的素质不能说差吧?这些人在原来的工厂可都是骨干人才,怎么到了你负责的公司以后都不如从前了呢?"

最后,海尔的元老张瑞敏说了句一针见血的话:"员工的素质就是你的素质。"集团的高层分析说,如果中层管理者没有制定一套提高员工素质的机制,素质低的人永远都不会自发地改进,素质高的人也会因为缺乏激励而变得懈怠。

作为海尔集团的负责人,张瑞敏非常看重中层管理者的执行力和实干精神。20世纪90年代中期,有一次,海尔集团内部个别干部思想上产生了偏差,想靠不正当营业手段寻求虚假效益,事后还没有及时报告。集团针对这一现象召开经理会议,张瑞敏在会上严厉地批评了那几个中层干部:"搞生产经营,不老实干,休想!海尔人从无到有,从小到大,发展到销售额25亿元的规模,靠的是什么?靠的就是脚踏实地的拼搏精神,你们失去了这种精神,工作才迟迟不见成效。"

借助这个机会，张瑞敏还特别向中层管理者提出了三点要求：

·要求1：正确认识自己，正确对待自己

有的中层执行力很差，工作做得不怎么样，却还自以为是，处处都要端着架子。他们从来不去想，如果海尔没有业绩，还谈什么个人地位？没有员工的努力，何来领导者的权力？

·要求2：充分研究市场，研究竞争对手

有些中层根本不关注市场，也不去研究竞争对手，对外界的信息丝毫不敏感。在实际的竞争中，遇到了弱小的对手，就夜郎自大；遇到了强劲的对手，就望而生畏。这样的做法，会导致竞争能力越来越弱。

·要求3：紧跟集团步调，执行战略规划

集团出台一个措施，可能会有不足之处。出现了问题，应当齐心协力解决，不允许以各种理由抵制而不去执行，更不能各自为政。集团是围绕整体利益开展工作的，是必须服从的"大势"，只有谋好了"大势"，才能保全部门的"小势"。

张瑞敏还提出，海尔要迈向现代化企业，需要中层管理者在两方面领先：一是奉献精神，二是执行力。执行力的关键是要高出竞争对手，处于领先地位。这种领先尤其体现在观念上，它取决于领导者的素质。换而言之，中层管理者想要让整个团队都具有强大的执行力，不能光靠动动嘴，还要提高自身的执行能力，以身作则，当好"头雁"。

S是一家食品公司的质检部主任，在公司发展徘徊不前的处境下，他了解到问题出在产品质量上。明确问题之后，他决意执行改进计划。

不过，S没有选择直接给员工施压的方式，因为他清楚地知道，用这种紧

锣密鼓的方式，除了给员工增加精神负担以外，没有任何益处，还可能会抵消产品质量改进后的一部分成果。S选择了温和的手法，先是请广告策划专家用轻松的方式给员工灌输产品质量意识，让他们从内心真正认识到产品质量的重要性，从而提升自觉意识。之后，他还采用了"走动式管理"，经常就产品质量问题和员工进行讨论，交换意见，收集了大量改进质量的设想和建议。

S的努力没有白费，公司上下形成了严格的质量意识，销售额也开始稳步上升。然而，到了年底，细心的员工发现了一个问题：此次出厂的一批罐头虽然深受市场欢迎，但它们在密封方面却存在问题，不符合公司对此环节的严格规定。面对这样的情况，到底该不该继续发货呢？员工不知如何抉择，就把问题上报给了S，让他来做决策。

S的回答让每个员工都感到意外，他说："照发不误。"之后的事情，就不用再说了，S的这一句话让他之前所有的努力都成了无用功。他要求严格控制产品质量，可如今自己却没有执行到位，违背原则做出决策，完全是自己打自己的脸。

其实，员工递上报告请示S时，他就应该意识到：下属这样做，就是在执行自己制定的标准，说明他们很重视产品质量。然而，S的回答却在告诉下属，之前提出的要求如同一张废纸，没有任何意义，随时都可以推翻。

试问：如此言行不一的领导，如何在员工面前树立威信？又如何让下属相信你的决策？正所谓，上行下效，你都言行不一，下属又何必苦苦遵守你制定的规则？很多时候，破坏执行的人并不是员工，而是领导者自己。

真正的执行力，不是一句空泛的口号，也不是单纯给下属传达命令，而是从中层自身开始，带头去执行，给下属和团队树立一个可效仿的典范。

细节决定执行力

有一个问题值得所有管理者深思：现代企业最缺乏的是什么？

也许有人会说，是完善的规章制度；也许还有人会说，是满腹经纶的出谋划策者。其实，这些回答都没有说到关键点上。现代企业最缺乏的是对规章制度不折不扣的执行者，以及对工作精益求精的自律者。

任何一个计划制订出来后，要完全彻底地执行好都不是一件轻松的事，这需要负责流程的中层具备超强的执行精神，把纸上谈兵化成实际战果。再完善的制度，再正确的决策，落实不到完美的执行上，落不到各个环节的细微处，都不可能发挥作用，甚至还有可能落得满盘皆输的下场。

贝聿铭是美籍华裔建筑师，他在1983年获得了普利兹克奖，被誉为"现代建筑的最后大师"，在业内有着极为崇高的地位。他认为建筑必须源于人们的住宅，他相信这绝不是过去的遗迹再现，而是告知现在的力量。

然而，这位大师对其平生期望甚高的一件作品却痛心疾首。

这件"失败的作品"就是北京香山宾馆，这也是贝聿铭第一次在祖国设计的作品。原本，他想通过建筑来表达孕育自己的文化：在他的设计中，对宾馆里里外外每条水流的流向、大小、弯曲程度都有精确的规划，对每块石头的重量、体积的选择以及什么样的石头叠放在何处等都有周详的安排；对宾馆中不同类型鲜花的数量、摆放位置，随季节、天气变化调整等都有明确的说明，可谓匠心独具。

贝聿铭说:"香山饭店在我的设计生涯中占有重要的位置。我下的功夫比在国外设计有的建筑高出十倍。"他还说:"从香山饭店的设计,我企图探索一条新的道路。"该设计还吸收了中国园林建筑的特点,对轴线、空间序列及庭园的处理都显示了建筑师贝聿铭良好的中国古典建筑修养。贝聿铭说,他要帮助中国建筑师寻找一条将来与现代相结合的道路。这栋建筑不要迂腐的宫殿和寺庙的红墙黄瓦,而要寻常人家的白墙灰瓦。

在香山的日子里,贝聿铭通常把理念传达给设计师后就去做别的工作,然后定时回来监督进度,再向客户报告。香山饭店是他个人对新中国的表达,因此他精心设计、悉心管理。

但是,工人们在建筑施工的时候对这些"细节"没有给予足够的重视,根本没有意识到正是这些"细节"方能体现出建筑大师的独到之处。他们随意改变水流的线路和大小,搬运石头时不分轻重,在不经意中"调整"了石头的重量甚至形状,石头的摆放位置也是变得随便。

看到自己的精心设计被弄成这个样子,贝聿铭痛心疾首。这座宾馆建成后,他一直没有去看过,他觉得这是自己一生中最大的败笔。

作为旁观者的我们,自然能够看出,香山宾馆建筑的失败不能归咎于贝聿铭,是执行中对细节的疏忽毁掉了这个完美的设计。这也再次证明,一个计划的成败,不仅仅取决于设计,更在于执行。执行不到位,就等于没执行,甚至还不如不执行。

很多人热衷于知名品牌,虽然这些品牌产品的价格比其他普通牌子的价格高出数倍,但依然受到大家追捧,为什么?我们看看那些知名品牌的做工和态度便知原因:POLO 皮包始终坚持"一英寸之间一定缝满 8 针"的细致规格,这份近乎执拗的认真精神令人动容,也使得它在皮包行业一直是佼佼者;德国西门子公司曾经生产的 2118 手机,凭借着附加一个小小的 F4 彩壳,让自己跟当时红极一时的 F4 一样成为瞩目的焦点。

很明显，这些品牌的成功都是在那些不起眼的细节处抓住了消费者的心，并赢得了好口碑。倘若是偷工减料、敷衍糊弄、忽略细节，那么做出来的东西就会存在质量问题，轻松毁掉一个品牌。市面上的不少非知名品牌乍一看还不错，可内在的质量却不敢恭维。特别是在看不到的地方，就用次品和边角料来填充，或是简单糊弄一下，结果就应了那句话：金玉其外，败絮其中。

其实，做人和做品牌是一样的，要追求精雕细刻和品质，对于微小的细节也不能轻易放过，要把严谨、认真的态度贯彻到所做的每一个环节、每一件事情上。

你追求细节有多深入、多执着，执行力就有多好！

能力是任务的标尺

美国职业篮球联赛（NBA）中，有一个很奇怪的现象：

一个优秀的球员，如果在退役之后从事教练工作的话，往往带队成绩不怎么样，基德、麦克海尔等都是特别突出的例子；而那些优秀的教练，他们在当球员的时候，往往算不上是特别出色的运动员，比如菲尔·杰克逊、科尔和波波维奇。

科尔当球员的时候，只是乔丹手下的一个小角色，除了投空位三分以及防守之外，没有什么亮眼的表现。再说传奇教练波波维奇，他甚至在训练营的时候就被裁员了，根本就没有真正打过职业比赛。

其实，不止篮球运动是这样，在足球的领域也是如此。阿根廷球王马拉多纳，当球员的时候，在球场上简直是呼风唤雨；可当了教练之后，却带领着世界劲旅阿根廷队屡屡败北。

为此，人们经常会说，即便是"篮球之神"乔丹，在NBA历史上留下过许多不可磨灭纪录的人物，也无法当好一个教练。这也并非完全是传言，有报道称：乔丹退役之后，没有当教练，而是成了奇才队的老板。在球队训练的时候，乔丹经常会感慨：明明是很好的得分机会，自己手下的那些球员们为什么把握不住呢？

原因很简单，对于乔丹来说，得分不过是——你只需要跳起来，等防守你的球员落下去的时候，出手投篮就可以了啊！但问题是，并不是每个人都拥有他的身体条件和高超技术。作为篮球之神，他是很难站在普通球员的视角看待问题的，更无法理解他们在场上的表现所以他无法取代普通球员获得胜利。

后来，对于这个问题，乔丹也渐渐释然了。当有人问起，他为什么不当教练时，他本人是这样说的："我没有耐心去当教练，我认为最大问题是现在运动员的专注度不够。如果按我的要求做到我当年打球那种专注度，是不公平的。如果我的队友不像我那样专注，我不知道我究竟会疯成什么样。"

实际上，作为中层领导，也会遇到同样的问题。中层领导在成为管理者之前，往往是业务能力比较突出的员工。所以，当他们刚刚成为中层的时候，往往会把下属"想象"成和自己一样的人。但是，事实很快就会让他们失望，于是新中层们就会对下属说——

· 这件事情很简单，你怎么就处理不好呢？
· 这么简单的问题还要来问我，你就不能自己动一动脑筋吗？
· 怎么一件小事都要我操心？你们就不能发挥点主观能动性？

心情可以理解，但有这种想法、说出这种话的中层，不但无法得到上司和下属的认可，还暴露了自身最大的一个问题——没有真正进入管理者的角色。

一个出色的、成熟的中层，必定是"接地气"的，他们深切地明白一个道理——在任何组织里，"一般人"才是大多数；而衡量一个中层是否合格的标准，恰恰就是——他能否理解"一般人"的思考模式与行为模式，然后把一群"一般人"组织起来，释放出"不一般"的能量。

身为管理者，如果不明白这个道理，注定是要招致失败的。即便是像拿破仑那样的天才领袖，也不可避免。

1815 年 6 月 18 日，拿破仑带领的法国军团向比利时的滑铁卢小镇发动进攻，他的对手是威灵顿公爵。拿破仑一度在战场上占得了先机，但是威灵顿公爵顽强抵抗，双方的战时一时间陷入了僵局。

这个时候，谁能等到援军，谁就能获取最后的胜利。威灵顿等待着一个叫布吕歇尔的普鲁士将军，拿破仑则在等待手下的格鲁希将军。

格鲁希在哪儿呢？他正在严格执行拿破仑的军令。

几天前，拿破仑在一场小规模的战斗中获得了胜利，击败了敌人的先头部队。敌人在遭遇重创之后，仓皇逃跑。拿破仑一心要指挥大军与威灵顿公爵率领的主力部队展开决战，所以，他自己没有去追击残敌，而是调出了一部分军队交给格鲁希，让他去追击敌人。

此时，正在与威灵顿对峙的拿破仑认为，自己已经和敌人打了这么久了，惊天动地的枪炮声百里之外都听得到，不远处的格鲁希一定也明白，在关键的时刻，他如果前来助战，就一定能打败对手。

可是，格鲁希是怎么想的呢？

其实，当拿破仑与威灵顿的战争刚刚打响的时候，格鲁希就察觉到了一场大战正在进行。此时，只需要三个小时，他就可以赶到战场，与拿破仑合兵一处，击败敌人。但是，格鲁希没有这么做，因为他接到的命令是追击敌人的残部。

过了很久之后，格鲁希手下的副将有些坐不住了，他对格鲁希说："前方大战已经打响，我们现在应该马上去增援。"但是，格鲁希却不敢承担"抗命"的责任，他说："在拿破仑皇帝撤回命令之前，我决不能擅自行动。"

副将见自己无法劝服格鲁希，就提出了一个折中的方案："将军，你继续率领大军完成皇帝交给你的使命，我自己带领一小队人马去增援战场。"格鲁希思考了一秒钟，否决了副将的提议，因为皇帝陛下也没有给他下达"分兵"的命令，所以他又一次拒绝了副将的请求。

此时，不远处的拿破仑还坚定地认为，格鲁希一定能在战场上做出正确的判断，在某个时间前来增援自己。过了很久之后，远处出现了一支部队。拿破仑高兴极了，他以为那是格鲁希的军队。于是，他下命令展开总攻。

让拿破仑万万没想到的是，那不是前来增援的友军，而是敌人的援兵到了。拿破仑顿时陷入绝境中，他手下的军队全面溃退，他自己趁乱逃脱。满身污垢、头晕目眩的拿破仑躲进了一家乡村客店里。法兰西帝国，就此落幕。

一般人在读到这个故事的时候，可能会感慨"格鲁希真愚蠢""拿破仑用错人了"……但是，作为一个中层领导，从管理学的角度去理解这个故事，还应当有额外的思考和启迪。

首先，站在中层的角度来考虑的话，格鲁希真的做错了吗？

未必！因为格鲁希是严格按照领导的要求行事，即便他最终酿成了大错，但最终的责任并不全在于他。试想一下：我们在平时的工作中，是不是也希望下属能够按照自己的计划严格执行？肯定是的。如果他因为擅作主张，导致了失败，那么他自然要承担相应的责任。但是如果他因为遵守命令而铸成大错，那么这个责任，其实是领导者的决策失误。

对待员工，你不可能设立双重标准：既要求他在你作出正确决定的时候，严格遵守你的计划，又要求他在你计划失误的时候，能够根据自己的判断作出正确的决策。如果每个员工都有这样的能力，那为什么你是领导而他不是呢？

所以，中层应该认识到，如果你处在"拿破仑"的位置，一定记住两件事：

·第一件事：不要过分高估下属的主观能动性

拿破仑错在哪儿？他错在，认为自己的下属能和他一样，在大多数时候作出正确的决策，有解决问题的能力。所以，中层也要记住，虽然我们不能低估下属的能力，但是也不要过分高估他们的决策力。

为什么这样说呢？因为很多情境下，下属在行动的时候，会受到两方面的影响：一是他自己的判断；二是你的判断。能力一般的下属，往往是你指向哪儿他就打哪儿，能够按照你的计划把事情完成，就已经很不容易了；能力突出的下属，虽然有时会有自己的判断，具备一些随机应变的能力，但他们会有所顾忌。

某部门的精英员工，曾经这样表述他的看法："如果我按照自己的方式做事，成功固然好，失败了责任就全是我的。如果按照领导的要求做事，成功了皆大欢喜，就算失败了，责任也不全在我。"

听起来，似乎不那么"励志"，但在现实生活中，这也算是道出了不少员工的心声。按照领导的要求做事，就算无功，起码可以无过。所以，我们才要提醒中层，要把下属当成"一般人"来看待，不仅是出于对下属实际能力的考虑，更因为有些下属就算能力非同一般，但他们处在"一般岗位"上，会趋向于用自己职权范围内的方式来解决问题。

所以，不要过分高估下属的主观能动性，自身的能力加上所处的位置，决定了他们难以时时刻刻都能灵活地作出正确的决策。

·第二件事：下属的功与过你都要承担责任

作为中层领导，希望别人"跟我走"，那么就要清楚一点：既然是跟你走，走到辉煌境地，自然是你领导有方；假如一不小心走到了泥沼之中，也是你的责任。

"跟我走"，不仅意味着你拥有了团队的领导权、决策权，也意味着你背负起了团队的主要责任。成败荣辱在你身上，哪怕是遭到了挫折，你也不能说："我的下属都是一群庸才，拖累了我！"这样的话，一个合格的中层，是永远不应该说出口的。

莫被"巨婴员工"逆向管理

很多中层经常会抱怨："时间真的不够用,每天上班都很忙,工作千头万绪的,总是被事务性的工作拖累,下属又指望不上,自己累得头晕……"请注意,如果你作为中层在工作中出现了这样的状况,你首先要考虑的问题是——我是不是被下属"逆向管理"了?

所谓的"逆向管理",就是下属抓住了中层的弱点,占用了中层的时间,导致中层对基层的管理失效,而基层开始通过某种方式控制中层。新中层要想在管理的道路上更进一步,必须要摆脱这种框框。

有些"自以为是"的员工,特别善于对上级实施"逆向管理",他会用各种各样的方式,来占用你的时间。比如,有的属下特别喜欢请教工作,在工作中一遇到拿不准的事情就会上门请教。此时,身为中层的你千万不要以为拥有如此"虚心"的员工是福音,在这个岗位上待得久了,你就会知道,这其实是一种"灾难"。

X是一个企业的中层,手下管理着七八个员工。这些团队成员对X非常尊重,一有问题就来向他请教。在执行任务的过程中,也会不断地找到X,请他出谋划策、指导工作。

起初,X认为耐心地培养下属是自己的责任,这样能够让他们在历练中不断地提高工作能力。所以,每当有员工前来请教问题,X总是会放下手头的事情,帮助他们一起解决。上任后的三个月里,X正常的工作时间大部分都用来给下属答疑解惑了，自己需要完成的工作经常要靠加班来解决。虽然很疲惫，可刚刚当上中层领导的 X 将其视作理所当然，他在心里安慰自己说："能力越大、职位越高，就越要承担起更多的责任嘛！"

有一次，X 无意间听到两个下属的对话——

下属 A："那几件事你做完了吗？"

下属 B："还得再等等，X 总那边还没交代要怎么处理呢！"

下属 A："这件事情具体怎么办，不需要非得 X 总拍板吧？你自己可以拿主意啊！"

下属 B："唉，我自己拿不定主意，怕出错，X 总凡事都能处理得很妥当，每次我都要请教他，按照他的指示办更踏实。"

下属 A："说得也是，我以后也得跟你学着点，这样更妥当。"

两人聊了几句之后，就开始讨论起其他的事，完全没注意到 X。然而，X 的心里却很不是滋味，他想："原来我费心费力地指导下属，换来的并不是下属能力的提升，反而让他们形成了依赖心理，他们会越来越不喜欢自己主动做事，最后会把事情全推给我。"

像 X 这样的中层，其实在企业中很常见。他们出于对工作负责的态度，尽心尽力地帮助下属完成任务，但换来的并不是一群更有能力、更有上进心的下属，而是一群嗷嗷待哺的"巨婴"，一群丧失了主观能动性的机器。不夸张地说，这是一个团队走向堕落的前兆。

中层们要切记，下属是你的员工，而不是你的监工。在团队中，不能所有的事情都由你来做决定，也不是所有任务的执行都需你亲自协助。中层忙得要死，下属优哉游哉，这样的团队绝对不是一个健康的团队。

那么，该怎样做才能够实现，既培养下属的能力，又避免自己陷入被"逆向管理"呢？

·要求下属整理文字资料

身为中层管理者,自然不能把下属的请教当成一件完全有害的事。事实上,积极回应下属的请示,并指出相应的解决方案,是中层的分内工作。但你要记住,不能让下属在请示的时候"不劳而获"。换句话说,他们可以请教,你也可以协助,但前提是,在向你求助之前,确保他们已经尽心尽力地思考过,为之进行过相应的努力,要让他们整理好文字资料。

为什么要整理文字资料呢?这样做的好处有两个:

(1)给你提供更多的参考信息

下属简单的口述很可能会遗漏一些重要信息。你根据不充分的信息所作出的决策,也一定是不全面的。所以,让他们拿出全面的文字资料,可以帮助你正确判断,避免决策失误。

(2)提供一个纸面上的证明

下属会有很多事情等待你决策,如果仅仅是做一个口头汇报,你给予口头指示,那么将来下属无论做了什么,都可以说"是您让我这么做的"。所以,留下纸面的证明是非常有必要的,要让下属明确自己的职责。

·确定文字资料的字数范围

有些下属虽然准备了文字资料,但是实则是把所有的资料通过简单的打包之后,一股脑地塞给了你。这样的文字资料,一来无法锻炼下属的工作能力,二来会增加你阅读资料的负担。所以,你必须要给出文字资料的字数范围。让下属在呈报资料之前,学会先自己总结、归纳。

你可以接受和容忍一个下属没有决策的能力,但如果他连总结问题、归纳问题的能力也没有,这样的下属是不合格的。通过这个方法,你也可以对下属的能力进行初步的评估。

当然了,字数只是一个参考,有些事情确实在规定字数范围之内说不明白的，你也可以放宽标准。但这个时候，你需要甄别一下，到底是规定字数说不明白，还是下属的整理思路不精准，或者是工作态度有问题。这也是一种评估下属的方式。

· 不要迷恋下属的"崇拜"

有些中层特别喜欢经常请教问题的下属，原因就是，在这个过程中，他能够体会到被需要、被崇拜的感觉。如果沉迷在这种心态中，长此以往，整个部门的发展会每况愈下。想要成为出色的中层，这种不成熟的心态是一定要摒弃的。

· 不要当下属的"闹钟"

最后要提醒中层的一个重要细节是，千万不要当下属的"闹钟"。如果下属每一件事情都需要你提醒，倘若你不提醒，他们就不主动完成，那也是被"逆向管理"的一种体现。

这就需要，中层在布置任务的时候，事先告诉员工汇报的周期。如果在这个汇报时间节点之外，还有其他事项需要和你讨论，那就需要按照前面的第一点：带好与问题相关的文字资料，前来找你商议。